Mobbing, Ruhm und treue Hunde

Danke Amy!

von

Falko Ochsenknecht

TITUS VERLAG

Redaktion:
Sascha Ehlert

Illustrationen:
José A. Martin Vilchez

1. Auflage 2019

Bibliografische Information der Deutschen Bibliothek
Die Deutsche Bibliothek verzeichnet diese Publikation in der Deutschen Nationalbibliografie; detaillierte bibliografische Daten sind im Internet über http://dnb. ddb. de abrufbar.

ISBN 978-3-946353-42-3

Prolog

Mobbing, Ruhm und treue Hunde

Danke Amy!

Wenn du in der Schulzeit dauernd gemobbt wirst, entwickelt sich tief in dir die Sehnsucht nach Anerkennung, Ruhm und Reichtum. In der heutigen Zeit spielt damit Geld eine große Rolle.

Ich weiß genau, wie es ist, wenn man in jungen Jahren von allen Seiten gemobbt wird. Von der Schulzeit bis in die Ausbildung habe ich diese Bürde mit mir tragen müssen. Dies führte natürlich dazu, dass ich nicht sehr viel Erfolg bei den Frauen hatte. Ich hatte es zu keiner Zeit leicht in meiner Jugend.

Durch den Namen Ochsenknecht lieferte ich in den Augen vieler Mitschüler eine Steilvorlage. Ich musste mich mit Kosenamen und Beleidigungen auseinandersetzen. ›Knecht Ruprecht‹ oder ›Ochse Fotzenknecht‹ sind da nur zwei Beispiele von vielen. Kinder und Jugendliche können grausam sein, und in meinem Umfeld hatte man mich immer als Sündenbock auserwählt. Wenn es die Situation hergab, wurde auf mich eingedroschen – verbal und körperlich. Dass dies einem Menschen nicht gefallen kann, ist ja wohl klar.

Jedoch hat das alles mich motiviert.

Ich wollte etwas Großes erreichen, es allen zeigen, wollte zeigen, was noch in mir steckt.

Mit jedem fiesen Spruch, mit jeder lustig gemeinten Ohrfeige und mit jedem demütigenden Arschtritt wuchs in mir der Drang, einmal wirklich beliebt, berühmt und anerkannt in der Gesellschaft zu sein.

Aufgewachsen bin ich in Lüdenscheid. Eine Kleinstadt im Sauerland. Da kennt jeder jeden. Ein Ochsenknecht wie ich war in Lüdenscheid bekannt wie ein bunter Hund, leider nicht nur im positiven Sinne.

Ich wollte immer weg aus dieser Stadt, deswegen durchforstete ich das Internet und stieß im Dezember 2009 auf ein Schauspielcasting.

›Schauspielerei‹, dachte ich. ›Falko, das könnte etwas für dich sein.‹

Überraschenderweise musste ich nicht lange warten, nachdem ich mich online beworben hatte, und wurde zu dem Casting in Dortmund eingeladen. Natürlich freute ich mich darüber, war aber auf der Hinfahrt unsicher. Sollte ich doch wieder umkehren? Aber nein, ich dachte an all die Mobbingattacken und wollte mich jetzt nicht unterkriegen lassen. Ich würde es denen schon noch zeigen. Jetzt oder nie!

Mir schlug das Herz bis zum Hals, denn schließlich wusste ich nicht, was mich dort erwarten würde.

Vor Ort hatte ich das Pech, der einzige Mann in meiner Castinggruppe zu sein. Verdammte Scheiße, warum musste mir das passieren? Wenn doch wenigstens noch ein oder zwei andere Kerle dabei gewesen wären. Ich hatte grundsätzlich Angst, mich zu blamieren, aber dann auch noch vor einer Gruppe Frauen? Grauenhaft!

Ich bekam einen Zettel zugeschoben und sollte mich mit ein paar kleinen Hinweisen auf ein Rollenspiel vorbereiten. Ich gab mein Bestes und spielte mir die Seele aus dem Leib. Ob die Frauen aus meiner Castinggruppe beeindruckt oder geschockt waren, konnte ich nicht beurteilen. Auf jeden Fall fühlte ich mich danach gut und hoffte, dass ich einen Schritt weitergekommen war.

Wieder zurück in Lüdenscheid, hatte ich im Januar 2010 das Glück, zu meinem ersten TV-Job eingeladen zu werden. Das Format nannte sich ›Niedrig & Kuhnt‹, eine Krimi-Serie. Ich war natürlich mega aufgeregt, einen Tagesjob in der Serie zu bekommen. An viel Geld war da nicht zu denken. Ich bekam nicht viel mehr als einen kleinen Stundenlohn inklusive Spritkosten.

Blöderweise hatte ich die erste Szene voll verkackt. Ich sah meine Chance auf Anerkennung, Ruhm und Geld schon schwinden.

Sollte ich wieder völlig absacken? Die zweite Szene lief richtig gut, und so konnte ich den Tag für mich erfolgreich beenden.

Mein nächster Job im Fernsehen sollte nicht lange auf sich warten lassen. Ich durfte eine Woche auf Ibiza drehen. Wie geil, Ibiza! Wer hätte da schon »Nein« gesagt?

Ich drehte die ›X-Diarys‹ und spielte erstmals eine Rolle, auf die man mich noch Jahre später festlegte. Auch hier bekam ich zwar kaum Geld und legte bei einem warmen Abendessen und einem Bier pro Tag am Ende drauf, aber das war mir egal. Ich machte mich bei dem Dreh auch irgendwie zum Oberkasper, aber ich hatte ein gutes Gefühl dabei. So konnte es von mir aus weitergehen. Ich gab Vollgas. Plötzlich war ich ›Ole‹. Die

Rolle passte zu mir. Die Verantwortlichen fanden es spitze, was mich nur darin bestärkte, kein falscher Mensch zu sein.

All die Jahre war ich mir nicht sicher, ob der Fehler bei mir lag oder bei all den Idioten, die mich mobbten. Jetzt fanden die Leute vom Fernsehen mich und meine Rolle als ›Ole‹ toll. Ich war in meiner Welt angekommen.

Circa vier Monate später kam ein Anruf von der Fernsehproduktion.

»Hey, Falko, wir planen ein neues Projekt in Berlin, es wird ungefähr zwei Monate gehen, und wir würden dieses Wochenende einen Testlauf starten wollen.«

Ich grinste und freute mich zu sehr darüber.

»Aber für den Test gibt es keine Gage. Hast du Lust, dabei zu sein?«, wollte man von mir wissen.

Natürlich hatte ich Lust. Geld zu verdienen war mir hier noch nicht wichtig. Ich sagte zu, und sobald ich aufgelegt hatte, brach ein lauter Jubelschrei aus mir heraus. Es war grandios, einmalig und zugleich atemberaubend. Zu dem Zeitpunkt war es der freudigste Moment meines Lebens. Natürlich musste mein gesamter Bekanntenkreis davon erfahren. Ich erzählte es einfach jedem.

Die Reaktionen waren im ersten Moment recht ähnlich. Sie belächelten es und machten sich hinter meinem Rücken darüber lustig. Das war mir aber egal. Ich hatte nun einen Plan und schöpfte Hoffnung, dass er gelingen würde. Ich glaubte an mich selbst, das war mir wichtig.

An dem darauffolgenden Wochenende sollte die Reise losgehen. Mein erster Testdreh stand bevor - und dann auch noch in der Weltstadt Berlin. Grandios! Raus aus Lüdenscheid!

Ich stieg voller Spannung in den Zug ein und ahnte nicht, dass mich der Weg in ein neues Kapitel in meinem Leben führen sollte.

Ich würde auf Dinge treffen, von denen ich zu diesem Zeitpunkt noch nicht im Ansatz etwas ahnen konnte. Ich würde auch auf ein Wesen treffen, das mir viele Jahre später sehr viel Halt in meinem Leben geben sollte. Viel Kraft und Liebe sollte ich bekommen und geben dürfen. Doch dass das alles beginnen sollte, lag noch weit vor mir.

Ich klingelte an einer Tür, und mir wurde geöffnet. Als ich die Treppe hochging, hörte ich ein Bellen. Anstatt vernünftig »Hallo« zu sagen, war ich allerdings auf eine andere Sache fixiert: Im Hintergrund war ein Tier. Es war ein Kampfkoloss. Das Tier bellte, riss die Augen auf. Der Sabber tropfte aus dem Maul wie das Wasser in einer Tropfsteinhöhle. Das Tier hatte Zähne wie ein Löwe.

Es war ein Hund. Ihr Name war Amy. Ich wollte nur schnell raus aus dieser Wohnung und weg von diesem Tier. Hätte mir jemand zu diesem Zeitpunkt gesagt, dass Amy mal meine beste Freundin werden würde und gleichzeitig eine

Schlüsselrolle in meinem Leben spielen könnte, denjenigen hätte ich für verrückt erklärt. Heute weiß ich, es hat damals schon jemand gewusst, dass wir zusammengehörten: Es war Amy selbst!

Es war Amy, auf die ich in Berlin treffen sollte!

Kapitel 1

Auf nach Berlin

Mobbing,
Ruhm und
treue Hunde

Danke Amy!

»Gute Nachrichten,
wir werden einen
Testpiloten drehen.
Eine Woche lang!«,
sagte man mir.

Ich war total aufgeregt, voller Vorfreude. Ich war hibbelig und fing sogar schon an, ein wenig zu träumen. Was würde wohl auf mich zukommen? Ich schaute im Grunde nur aus dem Fenster des Zuges und fing an, mir irgendwelche Bilder im Kopf zusammenzuspinnen.

Wie würde es wohl sein, ein Star zu sein? Geld, Ruhm, Beliebtheit, Anerkennung, vielleicht ein paar Frauen? Wer weiß, vielleicht würde ich sogar mal irgendwann auf Mallorca als Schlagerstar auftreten können?

Das war auch ein großer Traum: Schlagersänger zu werden.

Auf der Durchfahrt von Lüdenscheid nach Berlin traf ich in Hagen auf einen weiteren Darsteller. Über die Produktionsfirma bekam ich mit, dass er auch unterwegs sein würde, und bekam seine Nummer, um mit ihm Kontakt aufzunehmen. Sein Name war Roman, man muss sich ihn etwa folgendermaßen vorstellen: ein typischer Anführertyp, sah gut aus, ein wenig wie Ricky Martin. Er war recht selbstverliebt, selbstbewusst, witzig, straight und auch ein wenig arrogant.

Kurioserweise erzählte er mir, als wir uns getroffen hatten und auf der Weiterfahrt nach Berlin waren, dass er mehr Kosmetikprodukte für Frauen dabei hatte als für Männer und diese auch tatsächlich nutzte. Dabei war er gar nicht schwul.

Wohlgemerkt: Sympathisch waren wir uns nicht. Ich spürte sofort, wir würden gegenseitig anecken, aber ich wusste auch, wir mussten ein Team sein.

Im Zug hatte ich das Gefühl, dass er nichts mit mir zu tun haben wollte. Kaum hingesetzt, steckte er die Kopfhörer in seine Ohren und ignorierte mich.

›Na ja‹, dachte ich mir, ›was soll's, dann versuch erst mal zu schlafen.‹

Regel Nummer 1, wenn du im Zug schlafen willst: Nimm dir Ohrenstöpsel mit. Natürlich hatte ich keine dabei. Ich hatte damit ja auch keine Erfahrung. Schließlich bin ich nie weite Zugstrecken gefahren und wusste nicht, dass entweder immer ein Kind schreit oder ständig jemand mit seiner Brötchentüte rumknistert. Oder es kommt der Schaffner. Boah, war das ätzend!

Neben mir regte sich plötzlich wieder Roman. Allerdings verschwand er und wollte essen gehen. 1,5 Stunden war er alleine futtern. Was war der denn für eine arrogante Nudel, ey?

**Ist das so schlimm,
sich mal mit jemand
Fremden zu unterhalten?**

Schließlich sollten wir doch Kollegen werden, und uns stand ein gemeinsames Abenteuer bevor.

Na ja, ich versuchte jedenfalls weiterzuschlafen und ärgerte mich immer noch über diese ganzen Geräusche, die im Zug stattfanden. Das eine Kind schrie ständig, und man hatte das Gefühl, die Leute hätten sich Proviant für zwei Wochen mitgenommen, um alles auf einmal auf dieser Zugfahrt zu sich zu nehmen.

Dann der große Augenblick: Wir näherten uns dem Berliner Hauptbahnhof. Roman und ich waren so geflasht. Endlich eine Gemeinsamkeit. Der erste Eindruck von der Stadt war gigantisch. Wir sahen den Bundestag, Bundesrat und noch irgendwelche anderen politischen Gebäude, die wir nur aus dem Fernsehen kannten. Wir klebten quasi an der Fensterscheibe und waren im positiven Sinne einfach sprachlos.

Dieser Zustand hielt ein paar Minuten an. Irgendwann redeten wir dann doch miteinander und verstanden uns auf einmal. Sollte das vielleicht doch der Beginn einer wunderbaren Freundschaft werden? Nein, leider nicht!

Aus dem Zug ausgestiegen, holte uns jemand namens Christoph am Bahnhof ab. Ich war so froh, dass er da war, denn wir Kleinstadtmenschen hätten uns alleine in Berlin nur verlaufen.

Wir wurden zum ersten Testdreh-Set gefahren. Mein Kopf hing wieder mal nur an der Scheibe, und ich betrachtete die Stadt. Mega! Als wir am Drehort ankamen, waren in dem Haus noch weitere acht Darsteller. Vier Mädchen, drei Jungs und ein älterer, kräftiger Mann. Ich dachte zuerst, dieser wäre irgendwie der Träger des Arbeitsmaterials, aber nein, er war ebenfalls ein Darsteller. Stark wie ein Bär, sympathisch, lustig und ein Ossi, aber leider hatte sich Roman direkt an ihn herangepirscht, sodass er als mein Verbündeter ausfiel. Die andern fünf hatten sich zudem direkt gefunden. Ich war bei beiden Gruppen außen vor.

Erneut hatte ich das Gefühl, dass ich alleine dastand. Ich wurde direkt wieder an meine Zeit als Außenseiter erinnert. Die sollte doch nun endlich vorbei sein. Keiner wollte so wirklich mit mir reden oder sich irgendwie mit mir beschäftigen. Im Nachhinein betrachtet hatte ich wahrscheinlich nur gedacht, ausgeschlossen geworden zu sein, da mir irgendwie das Selbstbewusstsein fehlte, um mich in einer Gruppe mal von selbst zu integrieren. Diesen Prozess musste ich auch erst lernen.

Alle waren am Nachmittag eingetroffen. Alle Darsteller und der Verantwortliche für den Testdreh namens Dara. Er machte auf mich einen sehr professionellen Eindruck, war voll konzentriert und auf den Dreh fixiert. Ich nehme an, Dara war arabischer Abstammung.

Auch wenn ich mich als Außenseiter fühlte, waren alle nett zueinander. Der Drehort war eine ganz normale, große Wohnung, in der in Wirklichkeit ein paar Studenten lebten, die für den Testdreh von denen natürlich geräumt worden war. Ein Riesenwohnzimmer und vier weitere Räume. Diese Wohnung sollte für diesen Dreh gleichzeitig auch der Übernachtungsort sein. Wir bildeten also eine kleine WG. Ebenfalls vor Ort waren ein Kameramann, der Tontechniker und die Skripterin. Sie führte Protokoll für jegliche Dreharbeiten, welche Änderungen vorgenommen und welche Aufnahmen in die Produktion übernommen werden sollten. Sie musste die Zusammenhänge eines Drehbuchs im Grunde auswendig kennen. Sie war die rechte Hand des sogenannten Realisators, der im eigentlichen Sinne Regie führte.

Jeder wusste, was er zu tun hatte. Nur wir Darsteller eben nicht.

Dann kam eine Anweisung von Dara. »Seid, wie ihr möchtet, Kamera an und Gas geben. Kein Skript! Nix!«

Unter den Darstellern war eine Pornodarstellerin. Ich kannte Cora bereits von Big Brother und fing mit meinen Sprüchen an, die definitiv nicht gut ankamen bei den Leuten. Es war zwar auch ihr Ehemann dabei, der gleichzeitig ihr Manager war, aber ich war einfach ehrlich und authentisch, das war schon immer meine Art. Auch wenn es meinen Kollegen nicht gefiel, kam es bei den Aufnahmen dann jedoch geil rüber. Irgendwie hatte ich ein komisches Talent, das TV-Team mit meinen Aktionen zum Lachen zu bringen.

Dumme und primitive Sprüche wie »Du kannst mir mal schön einen blasen, Baby!« oder furzen und rülpsen vor der Kamera machten mir nix aus. Ich hab es rausgehauen, wie ich Bock hatte. Als die Kamera abgeschaltet wurde, merkte ich jedoch, dass mein Verhalten bei den Darstellern nicht gut ankam. Vor allem bei Roman nicht.

Es ging sogar so weit, dass er nach dem Drehtag am Abend ein Zimmer, in dem drei Betten standen, für sich alleine beanspruchte und die Türe abschloss. Von dem TV-Team war niemand mehr anwesend, bei dem ich mich hätte beschweren können. Auch Dara war nicht mehr zu erreichen. Ich wollte in das Zimmer, um zu schlafen, aber wahrscheinlich tat Roman nur so, als würde er mich nicht hören. Das machte mich traurig. Alle hatten einen Schlafplatz. Nur ich nicht.

Eine der Darstellerinnen, ich nenne sie mal ›die gute Seele‹, hieß Saskia. Sie musste sich eine Matratze mit Yasi teilen, und beide boten mir an, bei ihnen im Zimmer zu schlafen.

Plötzlich lag ich mit zwei Frauen auf einer Matratze. Sie wussten nicht, wie dankbar ich ihnen war. Da hatte ich zum ersten Mal das Gefühl an diesem Tag, dass ich in deren Augen doch nicht so scheiße war, wie ich dachte.

Als der nächste Morgen kam, erschien das TV-Team, und wir erhielten weitere Anweisungen von Dara. Roman sollte erzählen, warum er nicht mit mir in einem Zimmer schlafen wollte, und das vor laufender Kamera.

Seine Worte: »Ich will nicht mit jemandem in einem Zimmer schlafen, der rülpst und rumfurzt, das lustig findet und die ganze Zeit, während der Ehemann von Cora dabei ist, sagt, er möchte gerne die Alte ficken. Das ist respektlos und das macht man nicht. Bei uns in der Stadt hätten sie dich dafür abgestochen!«

Autsch! Das hatte gesessen und mich tierisch verletzt. Ich war innerlich sehr getroffen, und es fiel mir echt schwer, meine Tränen zurückzuhalten. Natürlich hatte Roman recht, aber ich sah die Sache so: Es war ein Stück weit Show und für die Kamera. Ich tat das für meinen Traum. Ich wollte doch nur, dass aus dem Testdreh etwas Unterhaltsames entsteht. Ich wollte weder beleidigend wirken noch die andern verärgern oder mich daneben benehmen. Es war nur ein Spaß, ein großer Witz. Leider wurde es falsch aufgefasst. In dem Moment war mir klar: Ich war mal wieder der Außenseiter in der Gruppe.

Zum Glück war der Dreh aber bald vorbei, und ich fuhr total geknickt wieder nach Hause nach Lüdenscheid und fing an, an allem zu zweifeln. Ich war verletzt, bedrückt, schaute auf der Rückfahrt nur ins Leere und war froh, bald wieder zu daheim zu sein.

Dort angekommen, ließ ich erst mal alles sacken. Am meisten hingen mir immer noch Romans Worte im Kopf. Ich konnte einfach nicht aufhören, daran zu denken. Ich begann wieder, an allem zu zweifeln, was Berlin anging. Musste ich mich vor der Kamera so fertig machen lassen?

Die Zeit verging. Es wurden ganze zwei Monate. Erst dann kam der Anruf von der TV-Produktion.

»Gute Nachrichten, wir werden einen Testpiloten drehen. Eine Woche lang!«, sagte man mir.

Ich sagte zu, denn meine Wunde wegen Romans Worten war längst geheilt. Natürlich heilt die Zeit die meisten Wunden. Aber je nachdem, wie heftig man verletzt wurde, bleiben Narben.

Kapitel 2

Neue Aufgaben

Mobbing, Ruhm und treue Hunde

Danke Amy!

Ich hatte einen Vetrag unterzeichnet, aber fühlte mich gleichzeitig frei.

Mein zweiter Trip nach Berlin stand an. Diesmal fuhr ich zunächst von Lüdenscheid nach Dortmund. Roman traf ich diesmal nicht, da er erst einen Tag später ankam. In Dortmund traf ich mich mit einer Darstellerin, die beim ersten Dreh schon dabei war. Yasi wurde von ihrem Freund zum Bahnhof begleitet. Als wir uns trafen, verstanden wir uns auf Anhieb, schließlich hatten wir schon auf einer Matratze gemeinsam schlafen müssen. Wir waren spät dran und mussten uns erst mal orientieren, in welchen Zug wir überhaupt einsteigen sollten. Yasis Freund kümmerte sich darum, dass wir den richtigen erwischten. Er hatte südländische Wurzeln und fragte sich bei einem Landsmann durch. Als wir eingestiegen waren, schrie er uns noch stolz hinterher:

»Wir Südländer haben es einfach drauf.«

Der Zug war übermäßig voll. Keine Sitzplätze mehr frei. Aber warum nur? Schließlich hatten wir doch reservierte Plätze. So blauäugig wie wir waren, machten wir uns keine Gedanken, wieso unsere Plätze belegt sein könnten. Na ja, egal, wir waren einfach froh, dass wir den Zug noch bekommen hatten. Wir setzten uns in den Gang irgendwo vor eine Ausgangstür. Es war tierisch unbequem, aber für den Moment okay. Wir machten beide erst mal die Augen zu, konnten aber nicht wirklich schlafen.

Wer sich an Regel Nummer 1 für eine angenehme Zugfahrt erinnern kann, weiß sicher, wie sehr ich mich darüber ärgerte, dass ich meine Ohrenstöpsel vergessen hatte.

Es gibt aber auch eine Regel Nummer 2: Schaut genau nach, in welchen Zug ihr einsteigt, und hört nicht auf jeden Freund eurer Begleitung. Denn als die Ansage im Zug zu hören war: »Unser nächster Halt ist in wenigen Minuten in Osnabrück!«, erkannten wir unseren Fehler. Wir Idioten konnten nicht mal einen ICE von einem Regionalzug unterscheiden und fuhren völlig falsch.

Yasi und ich schauten uns erschrocken an. Panik! Panik! Panik! Unser Zeitplan war hinüber. Ich hasse Unpünktlichkeit.

In Osnabrück stiegen wir zunächst einmal aus.

Yasi sagte nur: »Tja, einmal Osnabrück und zurück«, und wir lachten.

Ich rief den Set-Aufnahmeleiter an und sagte ihm, dass wir uns verspäteten würden.

Es hieß seinerseits nur: »Überhaupt kein Problem.«

Wir fuhren wieder zurück und dann endlich mit dem richtigen Zug nach Berlin. Diesmal hatten wir sogar Sitzplätze. Wir waren völlig platt und richtig alle, da unsere Reise schließlich länger dauerte als eingeplant.

Am Hauptbahnhof in Berlin wurden wir abgeholt und zum Drehort gefahren. Diesmal an einen anderen als beim ersten Mal. Sah aus wie ein altes Fabrikgebäude. Als wir in die Räume kamen, sah es abgewrackt aus. Es war in meinen Augen der Berliner Style. Wir hatten sogar einen Kicker, und zwei Sitzplätze aus einem ehemaligen Kino waren an der Wand befestigt. Ganze 290 Quadratmeter für acht Personen und für eine Woche, die uns gehören sollten. Wir schliefen sogar dort und lernten uns neben dem Dreh gegenseitig kennen.

Nach dem ersten Dreh sagten zwei Darsteller auf eigenen Wunsch ab. Dafür kamen neue Kollegen. Ein Mädel stellte sich und vor, die mächtig heiß war. Die Figur war ein Traum und der Arsch ebenfalls. Alter Schwede! Perfekt!

Aber als sie redete, dachte ich mir: ›Boah, hört die auch noch mal auf?‹

Dennoch haben wir uns die Woche über gut verstanden.

Der zweite Neue hieß Dave. Ein superlieber Kerl, sehr sympathisch und homosexuell, was grundsätzlich kein Problem ist.

Im Spaß sagte ich zu ihm: »Nicht antatschen oder angraben, und wir werden uns prima verstehen.«

Wir mussten beide lachen, und er schlug in die Abmachung ein. Wir hatten in dieser Woche viel Spaß. Warum auch nicht?

Ich verurteile keine Humosexuellen. Ob hetero oder homo, jeder sollte das Recht haben, seine Neigungen ausleben zu können.

Dave und ich gingen erst mal was futtern, schließlich sollte der Dreh erst am nächsten Tag beginnen.

Als wir rausgingen, schrie jemand: »Ole!«

›Hä?‹ Ich kannte die Frau nicht mal. Bis sich dann herausstellte, dass sie eine hochrangige Mitarbeiterin der Filmfirma war. Bei ihr war ein Mann, ich nenne ihn mal Valentino, der ihr Vorgesetzter war und mir in diesem Moment als solcher vorgestellt wurde.

In der Euphorie des Tages und in dem Wissen, dass wir bald wieder Dreharbeiten haben würden, schmeckte der Burger im Lokal, das ›Bürgersteig‹ hieß, so was von lecker. Daran erinnere ich mich heute noch ganz genau.

Nach dem Essen, zurück in der Wohnung, saßen wir alle gemeinsam an dem riesigen Tisch. Die beiden Produzenten und alle Darsteller, bis auf Roman. Bier stand parat. Wir tranken und lachten. Sogar über Witze, die gar nicht so wahnsinnig toll waren. Die Atmosphäre war gut. Ich fühlte mich nicht wie ein Außenseiter, sondern wie angekommen.

Ich erzählte Yasis und meine Geschichte und klaute dabei ihren Spruch: »Tja, einmal Osnabrück und zurück.«

Alle lachten. Yasi schaute mich an, und ich sah in ihren Augen, dass sie es mir gönnte, um mich integrieren zu können. Wahrscheinlich hatte sie beim ersten Dreh bemerkt, wie verletzt ich damals war. Bedankt hatte ich Idiot mich nie für diese nette Geste.

Yasi, falls du das liest: Ich danke dir von ganzem Herzen. Ich weiß nicht, wie du dich bis heute verändert hast, aber damals warst du ein großartiger Mensch, und ich denke und hoffe, du bist es immer noch.

Im Laufe des Abends hatte ich ordentlich einen im Tee und wollte schlafen. Also ging ich ins Bett. Jeder hatte diesmal sein eigenes Zimmer, und auch wenn Roman da gewesen wäre, er hätte mir mein Bett nicht streitig machen können.

Leider war ich so aufgeregt, dass ich mich im Bett umherwälzte. Ich dachte nur an den Dreh am nächsten Tag. Irgendwann klappte es dann doch, aber nur drei Stunden später wachte ich auf und hatte einen riesigen Kater. In zwei Stunden sollte der Dreh beginnen, und da betrat Roman die Wohnung.

Wir begrüßten uns normal. Er war oberflächlich nett und hatte ziemlich gute Laune. Kurze Zeit später kam auch das Drehteam in die Location. Es waren dieselben Leute wie beim ersten Dreh. Christoph, der Set-Aufnahmeleiter, war natürlich auch wieder mit dabei. Zur Auflockerung spielten wir erst mal eine Runde Tischkicker.

Christoph war ein sehr ruhiger, entspannter und netter Zeitgenosse. Er konnte in meinen Augen einfach alles. Jonglieren, kickern, Tischtennis spielen und so weiter. Ich hatte das Gefühl, dass er in jedem Bereich ein Naturtalent war. Weil aber der Tischkicker sehr alt war, konnte er sein technisches Können nicht anwenden, sodass die Spiele gegen ihn immer eng waren. Manchmal gewann ich sogar. Das führten wir in der ganzen Drehwoche so weiter.

Nach der Auflockerung am Kicker stand dann aber der tatsächliche Dreh an. Für mich die erste Drehwoche nach Drehbuch. Ein wenig enttäuscht war ich schon, als ich erfuhr, dass ich in der ersten Szene nicht dabei war.

Worum es ging, ich kann mich nicht mehr erinnern – auf alle Fälle fand Dara es so langweilig, dass er sagte: »Ole, geh in die Szene rein und gib Gas!«

Am Set wurden wir stets mit Rollennamen angesprochen. Ich denke, damit wir uns im Spiel keine überflüssigen Fehler unterliefen. Selbst unter Darstellern begannen wir die Kollegen mit Rollennamen anzusprechen.

Als Dara von mir verlangt hatte, die Szene zu retten, kam in mir ein Glücksgefühl auf.

Endlich das Gefühl, etwas wert zu sein. Also drehte ich mal wieder voll auf und rettete somit die Szene. Meine Sprüche flossen aus mir heraus, und ich ließ das Partytier raushängen.

Wir drehten eine Szene nach der anderen, und auf einmal war ich in jedem Take dabei.

In der Nacht hatten wir eine Clubszene in einem realen Lokal. Wir machten dort Party, und die Kamera war die ganze Zeit auf uns gerichtet. Die Gäste in dem Club sahen nur die Kamera, und alle Blicke waren auf uns gerichtet. Natürlich bekamen wir Darsteller das mit, und ich fühlte mich irgendwie schon wie ein kleiner Star. Wir hatten alle gute Laune, und dies merkte man natürlich vor der Kamera.

Nach dem Dreh waren wir alle total platt. Ganz klar, weil wir unsere Energie für die Kamera geopfert hatten. In der WG angekommen, fiel ich todmüde ins Bett. Leider bekam ich nur vier bis fünf Stunden Schlaf. Warum so wenig? Ich sag nur: Roman. Er meinte, sich ein Comedyprogramm reinziehen zu müssen und lachte dabei so laut, dass man in der WG hätte denken können, er wollte die ganze Nachbarschaft unterhalten.

Nach einer Weile sprach ich ihn darauf an. Es war ihm egal. Da war er wieder, der selbstverliebte Roman, der das machte, worauf er Lust hatte.

Dass er beim ersten Dreh über mich sagte, ich sei »respektlos«, fand ich im Nachhinein eine Frechheit. Er war doch gerade das respektlose Arschloch, das keine Rücksicht auf andere nahm.

Sollte ich jetzt Stress anfangen? Nein. Erstens war er körperlich stärker, und zweitens war mir der Dreh einfach zu wichtig. Ich wollte hier ja nicht rausfliegen, weil ich eine Schlägerei hatte oder so was.

Am Morgen kam das Team. Wir drehten wieder den ganzen Tag, und dank Roman war ich so fertig wie nach einer 48-Stunden-Schicht. Im Anschluss fiel ich übermüdet ins Bett. Diesmal wollte ich all den Schlaf nachholen.

Daran war allerdings nicht zu denken, denn Saskia drehte die Musik voll auf. Der Song hieß ›Duck Sauce‹ von Barbara Streisand.

Jedoch war ich Saskia gar nicht böse. So geweckt zu werden, war cool.

Ein Gute-Laune-Lied und dazu die singende Saskia. Ich stand auf, wir blödelten rum und hatten Spaß. Es machte mir nix aus. Bei Roman empfand ich es, als hätte mich jemand aus dem Schlaf geschrien, aber bei Saskia ging der Launepegel sofort nach oben.

Im Laufe des Tages kam ein Mann aus Köln. Man sah ihm sofort den Geschäftsmann an. Nett, höflich und autoritär. Allerdings redete er ohne Punkt und Komma, sodass man selbst überhaupt nicht zu Wort kam. Der Mann hatte dann plötzlich etwas in der Hand, wonach ich mich gesehnt hatte: meinen ersten richtigen Exklusivitätsvertrag.

Das bedeutete, ich musste mich ausschließlich an dieses Projekt binden. Dies galt für sechs Monate, wobei nicht klar war, wann genau es losgehen sollte. Trotzdem geil, ich war voller Lebensfreude. Ich hätte die ganze Welt umarmen und drücken können. Es war gigantisch. Das hört sich vielleicht paradox an.

Ich hatte einen Vetrag unterzeichnet, aber fühlte mich gleichzeitig frei.

Mit dieser Energie drehte ich die ganze Woche über. Der letzte Drehtag dauerte 18 Stunden. Wir waren alle fertig. Nach der anstrengenden, aber erfolgreichen Woche tranken wir gemeinsam ein gemütliches Bier. Irgendwann kam ich mit Roland ins Gespräch, dem Kameramann.

Währenddessen sagte er wie aus dem Nichts: »Ole, mit dir würde ich privat niemals ein Bier trinken gehen.«

Es traf mich wie einen Schlag in die Fresse. Wir hatten grad unsere anstrengende Drehwoche hinter uns gebracht, und er haute mir so was vorn Latz? Ich war geknickt!

Am Abreisetag fehlten noch ein paar O-Töne. Das sind kleine Einzelinterviews gewesen, die jeweils ein Darsteller in die Kamera spricht. Meistens 2 bis 3 Sätze! Die machten wir. Ich war als Letzter dran und fragte Roman, ob er warten möchte, damit wir zusammen mit dem Zug fahren.

Er meinte nur: »Nein, ich möchte nach Hause.«

Ich ärgerte mich über mich selbst. Warum fragte ich den Deppen eigentlich? Na ja, ich machte meine O-Töne, und alle außer dem Drehteam waren weg.

Als ich fertig war, bekam ich von Valentino noch 100 Euro in die Hand gedrückt als kleinen Obolus. Die gab er uns wahrscheinlich für unsere gute Arbeit. Das bekam jeder.

Nun wollte ich nur schnell nach Hause. In Windeseile wollte ich einfach den nächsten Zug kriegen, denn ich hatte keine Lust, nach der anstrengenden Drehwoche jetzt noch eine Stunde am Bahnhof bei kaltem Wetter zu warten. In letzter Sekunde bekam ich den Zug und wollte mir im Bordrestaurant ein kühles Bier holen.

Auf einmal sah ich jemanden, den ich sogar kannte. Wer? Roman! Er lächelte, und ich sah ihm an, dass er sich freute, mich zu sehen. Er gab mir ein Bier aus. Das erste Mal, dass ich seine sympathische Seite kennenlernte. Er entschuldigte sich sogar bei mir für seine harten Worte vom allerersten Dreh und sagte, ich sei eigentlich nicht so ein schlechter Kerl, wie er am Anfang dachte.

Auch wenn wir uns kaum kannten, bedeuteten mir seine Worte und seine ehrliche Entschuldigung sehr viel. Am Ende war es für mich einfach die perfekte Woche.

Ich bedankte mich bei ihm zum Abschied, und wir drückten uns kurz wie zwei wirkliche Kumpels. Nun war ich zu Hause und völlig platt. Jetzt hieß es wieder warten, bis sich die TV-Produktion melden würde.

Kapitel 3

Das harte Warten

Mobbing, Ruhm und treue Hunde

Danke Amy!

Dass es zwei Monate dauern würde, bis sich jemand von der TV-Produktion meldete, wusste ich natürlich nicht. Ich musste einfach warten, auch wenn es mir schwerfiel. Was ich in der Zeit tat? Ganz einfach, ich ging meinem normalen Job nach.

Ich machte zu dem Zeitpunkt eine Ausbildung zum Versicherungsfachmann. Mein Erscheinungsbild konnte man sich folgendermaßen vorstellen. Kennt ihr den Film ›Kevin – Allein zu Haus‹ und die Szene, in der Kevin auf den Weihnachtsmann trifft?

Der Weihnachtsmann, der mit Zigarre im Maul und einer Rostlaube unterwegs war. So in etwa fühlte ich mich damals.

Es passte vorne und hinten nicht. Ich lief den ganzen Tag im Anzug rum, war geschniegelt und gestriegelt, blonde Strähnen in den Haaren und war braun gebrannt von der Sonnenbank. Ich sah richtig nach etwas aus, wie der perfekte, junge und aufstrebende Geschäftsmann.

Nur zwei Sachen widersprachen meinem Äußeren: mein alter Renault Clio aus dem Jahre 1997 und meine innere Haltung. Ich machte mir nichts aus Autos, denn ich wollte nur bodenständig und mir selbst treu bleiben. Zudem war mir nur wichtig, dass das Auto sicher fuhr. So kam ich mit dem Clio immer zu meinen Geschäftsterminen. Da ich meistens zu den potenziellen Kunden nach Hause musste, stellte ich mein

Auto natürlich immer weit genug weg, damit mich niemand in meiner Rostlaube sehen konnte.

In der Versicherungsbranche wurde man anhand der Umsatzzahlen bemessen. Für mich war dies aber zweitrangig. Mir war wichtig, dass der Kunde abgesichert war, dass er, je nachdem, was sein Budget hergab, ein einigermaßen sorgenfreies Leben führen konnte. Natürlich herrschte in der gesamten Branche immer Druck. Druck, möglichst viele Abschlüsse unter Dach und Fach zu bekommen. Druck, den Umsatz zu steigern. Druck, Druck, Druck! Am liebsten und am wichtigsten wäre dem Unternehmen gewesen, man verkaufte so viel wie möglich an die Leute. Mir war es aber wichtiger, den Kunden mit meinem Fachwissen und einer guten Einschätzung der Situation zu helfen. Ich war wirklich ein guter Verkäufer. Ich blieb einfach ich selbst, und wahrscheinlich hatte ich deswegen auch eine gute Abschlussquote.

Es gab allerdings auch Situationen, die nicht gerade schön waren. Eines Tages ging ich zu einem Kundentermin – an dem Tag war es sehr heiß, richtiges Sommerwetter –, ich klingelte, und der gute Herr öffnete mir. Wir begrüßten uns, und er schien gerade von der Arbeit gekommen zu sein. Ich fragte ihn, ob er was zu trinken hätte. Er bot mir eine Flasche an, die so aussah, als hätte sie bereits seit einer Woche im Raum herumgestanden, und es war wirklich nur noch der letzte Schluck darin.

Er sagte: »Was anderes habe ich leider nicht.«

Scheiße, sah die Flasche eklig aus. Dass Essenskrümel darin rumschwammen, hätte nur noch gefehlt. Wie sollte ich aus der Situation rauskommen? Entweder trank ich es, und alles war gut, oder ich trank es nicht, und der Mann fühlte sich eventuell verletzt, womit ich das Kundengespräch hätte in die Tonne kloppen können.

Also trank ich es und versuchte mit gespieltem Husten, den eigentlichen Würgereiz zu unterdrücken.

Der Ekel erfüllte meinen Körper, und ich hatte Angst, ich müsste in diese unaufgeräumte Wohnung kotzen. Mit Selbstbeherrschung konnte ich dieses gerade noch verhindern.

Dann begann das eigentliche Gespräch. Dieser Mann hatte nicht viel Geld und keine einzige Versicherung. Also bot ich ihm nur die wichtigsten Policen an, die jeder Mensch haben sollte. Eine Haftpflichtversicherung für knapp sieben Euro im Monat. Und er kaufte sie. Er war zufrieden, und ich ebenfalls. Wirklich viel daran verdient habe ich nicht, konnte ihm dafür aber eine einigermaßen sichere Grundlage geben. Ich verabschiedete mich und verschwand.

Eigentlich wollte ich sofort zum Auto, wurde allerdings von meinem eigenen Gedanken daran gehindert. Ich dachte an die eklige Flasche und musste mich auf dem Weg zum Auto volles Rohr übergeben. Das war das Widerlichste, was mir in dieser Zeit und in dieser Branche widerfahren war.

In meiner Zeit bei der Versicherung musste ich selbst immer versuchen, irgendwie an Termine zu kommen, Leute im Privatleben ansprechen, die sich dann nach einer Zeit leider immer und immer mehr von mir abwandten, da es für mich nur das eine Thema gab: Versicherungen. Wahrscheinlich ging ich diesen Leuten damit so richtig auf die Nerven. Ich schlief mit den Gedanken an die Geschäftszahlen ein und wachte mit diesen Gedanken wieder auf. Was konnte man noch tun, um an Kunden zu kommen? Richtig, einfach ein Telefonbuch in die Hand nehmen und wahllos irgendwelche Leute anrufen. Mal telefonierte ich Stunden, ohne einen Termin zu bekommen, was natürlich die Motivation in den Keller schraubte. Wenn man einen Termin bekam, fuhr man hin und gab sein Bestes. Entweder man verkaufte was, oder man war erfolglos. Die Chance war immer fifty-fifty. Das war eigentlich mein Alltag.

Leider lief es mal eine ganze Zeit gar nicht gut, und ich verkaufte gar nichts. Nix. Gar nix. Keinen einzigen Vertragsabschluss hatte ich. Daraufhin wurde ich zum Gespräch gebeten. Die Anwesenden bei dem Gespräch waren mein Agenturleiter und der höherstehende Bezirksdirektor. Das war meistens ein schlechtes Zeichen – wie auch in meinem Fall. Zu dem Zeitpunkt hatte ich die Hälfte der Ausbildung hinter mir. Während dieses Gesprächs bekam ich eine Vertragsänderung vorgelegt.

Diese hat sich für mich angefühlt wie eine Kündigung. Darin hieß es, dass unter 300 abgeschlossenen Absatzeinheiten der Vertrag nichtig wäre. Absatzeinheiten war der Fachbegriff für die Zahlen, an denen man bemessen wurde. Wirklich rechtens war die kurzfristige Veränderung des Vertrages nicht, das wusste ich aber zu diesem Zeitpunkt noch nicht. Mein Chef wusste es meiner Meinung nach schon.

Mir waren der Vertrag und die Klausel recht, also unterschrieben wir. Jetzt kann man sagen, es war ein Motivations- oder Druckmittel. Ich selbst würde es heutzutage als Motivationsmittel sehen, da der Bezirksdirektor mein Potenzial zum Verkauf erkannt hatte.

Ich sah jedoch in diesem Vertrag eine gute Möglichkeit, mich elegant aus meiner Ausbildung zum Versicherungsfachmann verabschieden zu können. So musste ich nämlich keine Ausbildungskosten rückerstatten. Denn die Vereinbarung lautete, dass ich dies im Falle meiner Kündigung müsste. Sollte ich jedoch gekündigt werden, war dies nicht der Fall.

Mir war es eigentlich zu dem Zeitpunkt relativ egal, falls ich gekündigt werden sollte. Ich hatte ja noch meinen Plan B: das TV-Business. Nur halt noch keine feste Zusage.

Dennoch versuchte ich, die 300 Absatzeinheiten zu schaffen. Am Ende wurden es zwar nur 238, und der Bezirksdirektor war trotzdem zufrieden, nur hatte ich dann keinen Bock mehr auf die Versicherungsbranche. Ich hatte mich in diesem letzten Monat so was von kaputt gearbeitet, dass ich einfach die Schnauze voll hatte, und das sagte ich ihm auch.

In diesem Moment erklärte er mir seinen Motivationstrick mit der Klausel in der Kündigung, und ich dachte mir nur: ›Scheiße!‹

Tja, was sollte ich nun machen? Ich erzählte ihm von Berlin. So wirklich überzeugt schien er nicht. Er sagte mir, ich sollte es mir genau überlegen, aber das hatte ich bereits, und er ließ mich anschließend aus meinem Vertrag doch heraus – allerdings mit einer Kündigungsfrist von zwei Monaten und mit einer Streichung meines Fixums für diese Zeit. Das hieß, in den zwei Monaten musste ich viel Umsatz machen, um existieren zu können, oder versuchen, mit den letzten knapp 1000 Euro von meinem Konto in den kommenden zwei Monaten über die Runden zu kommen.

Boah, hatte ich einen Hals und war ziemlich angefressen. So brach ich innerlich mit meinem Ex-Chef.

Natürlich entschied ich, mich lieber auf eigene Faust durchzuschlagen, als noch einen Handschlag für die Versicherung zu machen.

Was sollte ich also in dieser Zeit tun? Ich hatte noch einen Vertrag bei der Versicherung und durfte, rechtlich gesehen, keinen andern Job ausüben, also versuchte ich, mich für die Versicherungsprüfung weiterzubilden. Zum aktuellen Zeitpunkt hatte ich von insgesamt sieben Seminaren vier bereits besucht. Regelmäßig alle zwei bis drei Monate musste man in die Hauptverwaltung des Unternehmens und Seminare absolvieren. Das Prüfungsvorbereitungsseminar fehlte mir am Ende schließlich auch. Also musste ich mir den fehlenden Stoff selbst beibringen. Egal!

Wochenlang paukte ich wie ein Wahnsinniger, mit dem Ziel, diese Prüfung zu schaffen. Am Ende dieses dumme Gesicht von dem Bezirksdirektor zu sehen, wenn ich die Ausbildung abgeschlossen hatte, war es mit wert. Ich paukte und paukte wie besessen, um diese Herausforderung zu schaffen. Es war das Schwierigste, was ich jemals lernte. Es war eine Multiple-Choice-Prüfung, aber leider mit Fragen, bei denen die Antworten als richtig, richtiger oder am richtigsten erschienen. Es war einfach sauschwer.

Dann kam der Tag der Prüfung. Ich war kurz vorm Heulen. Dieser Druck war kaum auszuhalten. Wenn ich es jetzt versaut hatte, waren die Wochen intensiven Lernens für die Katz. Allein der Gedanke, es möglicherweise nicht zu schaffen, machte mich fertig.

Nun ging es in den Prüfungssaal für die theoretische Prüfung. Ich schwitzte am ganzen Körper und war dabei, innerlich durchzudrehen. Ich konzentrierte mich auf die Fragen, fing an, Selbstgespräche zu führen, und dachte viel nach über das, was ich mir angeeignet hatte.

Als es zu Ende war, ging ich direkt zu meinem Auto und fing an zu heulen. Ich konnte nicht mehr. Immer wieder sagte ich mir, dass ich es versaut hatte. Ich war einfach so enttäuscht, dass anscheinend die ganze Arbeit umsonst war.

Nach einer Zeit musste ich mir mein Ergebnis abholen. Völlig bedröppelt ging ich ins Prüfungszimmer. Mein Name wurde aufgerufen. Mit hängenden Schultern lief ich zu dem Prüfer, der mich fragte, was mit mir los sei.

Ich sagte: »Nix.«

Er lächelte mich an und meinte dann: »Glückwunsch!«

Ich dachte, ich hätte mich gerade mich verhört. Ich konnte es nicht glauben. Die theoretische Prüfung hatte ich bestanden. Ich freute mich, als hätte ich den Lotto-Jackpot geknackt. Ich umarmte vor Freude völlig fremde Leute, die ebenfalls die Prüfung bestanden hatten. Ich stolzierte aus dem Raum mit dem Gefühl, etwas ganz Großes geschafft zu haben. Lernen machte sich also doch bezahlt.

Draußen unterhielten sich Leute, die durchgefallen waren. Sie taten mir sehr leid, und ich hielt mich aus Respekt gegenüber dieser Personen jetzt zurück mit meiner Freude. Innerlich strahlte ich dennoch.

Am nächsten Tag musste nur noch die mündliche Prüfung bestanden werden. Das sollte ein Klacks sein. Schließlich konnte ich gut reden und mit meinem Auftreten überzeugen, dachte ich.

Am nächsten Tag zur Prüfung war von Aufregung keine Spur. Nach der schwierigen Theorie konnte mich nichts mehr aufhalten. Ergebnis in der Praxisprüfung: Durchgefallen!

Na klar, ich musste ja durchfallen. Schließlich fehlte mir in den letzten Wochen die Praxis, da ich nix verkauft hatte, und das Vorbereitungsseminar fehlte mir auch.

Da mir das klar war, konnte ich mit der Enttäuschung besser umgehen. Ich hatte ja am Vortag die Erfahrung gemacht, dass sich harte Arbeit bezahlt machte. Somit schloss ich innerlich mit der Versicherungsbranche ab, wusste aber, dass noch zwei Jahre Zeit blieben, die praktische Prüfung zu wiederholen.

Zufälligerweise erhielt ich ein paar Tage später den Anruf der TV-Produktionsfirma, und diese teilte mir mit, dass das geplante Format gekauft wurde.

120 Folgen! Und ich war dabei!

Es hieß, im April würde es losgehen. Ich fühlte mich wie der King. Ich konnte gar nicht mehr aufhören zu grinsen. Endlich konnte ich es allen zeigen.

Da war sie, meine Chance! Ich konnte es kaum fassen.

Kapitel 4

Raus aus Lüdenscheid

Mobbing, Ruhm und treue Hunde

Danke Amy!

Drei Schnapsleichen schliefen auf der Couch, und überall waren unzählige Flaschen verteilt.

Bald hieß es also, raus aus Lüdenscheid und ab nach Berlin. Neun Monate waren geplant. Es war wahnsinnig, es war grandios. Mein Körper war geflutet mit Glücksgefühlen. Endlich, mein Traum sollte wahr werden. Bekanntheit, Ruhm, Ansehen, ein paar Frauen würden sicher auch dabei sein, und nie wieder ein Außenseiter. Ich hatte zwar ein paar Freunde in Lüdenscheid, aber wirklich beliebt war ich nie bei den Leuten. Damit sollte nun Schluss sein. Ich hatte es geschafft.

Was es für den Moment hieß, bis es losging? Nun, von Januar bis April 2011 wollte ich erst mal auf mein Leben chillen. Es machte meines Erachtens keinen Sinn, für die kurze Zeit nach einem neuen Job zu suchen. Während ich darauf wartete, dass es endlich losging, und die Vorfreude kaum noch aushielt, kam erneut ein Anruf der TV-Produktion. Ich sollte doch bitte für ein Interview nach Köln kommen, um über mich zu berichten. Natürlich sollten dort auch vertragliche Dinge besprochen werden.

Ich musste mich also vorbereiten. Ich ging zum Frisör, unter die Sonnenbank und striegelte mich. Dann ging es mit meinem Renault Clio aus dem Jahre 1997 los. Ich sah wieder aus wie der perfekte Geschäftsmann und machte einen auf dicke Hose. Mehr Schein als Sein. Warum? Ich dachte, es würde mir bei den Vertragsverhandlungen eventuell helfen. Allerdings war es gar nicht nötig.

Wahrscheinlich dachte mein Ansprechpartner dort: ›Der Typ kommt gerade von einer Beerdigung, Kommunion oder Konfirmation.‹

Zu allererst wurde mit mir das Interview geführt. Es ging um Fragen zu meinem Leben. Im Grunde war es eine Ansammlung von Informationen, die benötigt wurden, um die Rolle dem Charakter des Darstellers anzupassen. Offenbar sollte sie meiner Person angenähert werden, um die Darstellung zu erleichtern.

Danach folgte das Vertragsgespräch. Anwesend waren der Geschäftsmann Ingo, der Mann, der ohne Punkt und Komma redete, und Valentino.

Als die Frage kam, weswegen ich mitmachen wollte, erklärte ich:

»Berühmtheit, Anerkennung und die geilsten Frauen auf der Erde wegflexen. Die Frauen, die ich sonst nie haben könnte.«

Ingo fand diese Antwort nicht so toll. Valentino war begeistert. Er lachte und fand es geil. Ungefähr so, als hätte ein Vater gerade gesehen, wie der Sohn mit der heißesten Biene der Stadt gemeinsam aus dem Schlafzimmer rausstolzierte. Kaum wäre das Mädel weg, würde der Vater sagen: »Das ist mein Junge!« Ungefähr so sah Valentinos Grinsen aus.

Über den Vertrag haben wir nicht wirklich viel verhandelt. Es hieß, alle würden dasselbe bekommen. Das war fair. So konnte kein Neid entstehen, und jeder Protagonist konnte sich gleich wertgeschätzt fühlen.

Als es zunächst wieder zurück nach Lüdenscheid ging, stand mein Plan fest. Jeder sollte es erfahren. Wirklich jeder in meinem Umkreis. Jedoch war die Reaktion wie gehabt: Alle belächelten es, niemand nahm es ernst. Das störte mich nur bedingt. Ich wusste ja, dass es bald losgehen sollte. Am liebsten erzählte ich es denen, die immer scheiße zu mir waren und mit einem riesigen Grinsen reagierten.

Innerlich dachte ich mir: ›Ihr werdet schon sehen.‹

Kurz darauf kam wieder ein Anruf der TV-Produktion. Man bot mir eine Wohnung in Berlin-Friedrichshain an. 35 Quadratmeter, Nichtraucherwohnung. Ich war zwar Raucher, aber ich gab mich damit zufrieden. So weit war alles geklärt. Nun musste ich nur noch bis April warten.

In der Zwischenzeit hatte ich recht wenig zu tun. Ich hatte keine Arbeit und gammelte zu Hause herum. Am Wochenende wurde steil gegangen. Ich feierte, als sei ich der König der Welt. Selbstverständlich konnte ich nur über ein Thema reden. Alle hörten sich immer gespannt an, was ich zu berichten hatte, aber die Leute dachten, ich hätte einen Vogel. Es hatte keiner wirklich ernst genommen, außer meiner Familie und meinen engsten Freunden.

Am 2. April 2011 waren es noch zwei Tage, bevor mein Trip nach Berlin losgehen sollte. Ich hatte noch einen letzten Partyabend vor mir und besuchte das ›Ballermann 6‹ in Lüdenscheid.

Meine Fresse, waren wir alle blau! Das Bier und der Schnaps flossen durch unsere Hälse wie Wasser.

Wir schädelten uns alle weg. Schließlich war das vorläufig unser letzter gemeinsamer Abend. Wir tanzten sogar zu Musik, auf die wir gar nicht standen. Das war uns aber egal. Wir hatten Spaß.

Danach ging ich mit meinen Freunden und Bekannten zu mir. Dass meine Bude am Ende noch heile war, glich einem

Wunder. So viel Alkohol wie an dem Abend bei mir zu Hause war noch nie geflossen.

Irgendein Idiot hatte sogar eine Zigarette in eine Wodkapulle reingeworfen, was ich nicht bemerkte. Die Flasche war zwar durchsichtig, aber da ich so besoffen war, merkte ich es nicht und trank daraus. Boah, schmeckte das scheiße. Wodka mit dem Aroma von Nikotin. Es war zwar richtig ekelig, aber die widerliche Wasserflasche aus meiner Versicherungszeit war nicht zu toppen.

Na ja, irgendwann waren wir endlich alle kreuz und quer eingeschlafen. Am darauffolgenden Sonntag klingelte an der Tür. Wir hatten circa zehn Uhr. Wer konnte das nur sein? Verdammt, die Produktionsfirma hatte mir einen Fahrer vorbeigeschickt, um meine Sachen zu holen. Den hatte ich total vergessen.

Der Fahrer kam rein und hatte folgendes Bild vor Augen:

Drei Schnapsleichen schliefen auf der Couch, und überall waren unzählige Flaschen verteilt.

Als der Fahrer kurz auf Toilette wollte, begegnete er im Bad ebenfalls einer Schnapsleiche vor dem Klo. Dass der etwas ältere Mann keinen Herzinfarkt bekam, war noch das Freudigste an der Situation. Ich will nicht wissen, was er dachte. Auf jeden Fall sah ich ihn nie wieder. Er war dennoch so nett, meine Sachen mitzunehmen.

Innerlich dachte ich: »Scheiße! Scheiße! Scheiße! Der wird das seinem Chef sicher weitererzählen.«

Aber was sollte schon passieren? Würden die mich wegen so was rauswerfen? Nein! Schließlich war es eine private Abschiedsparty. Also beruhigte ich mich schnell.

Nach und nach verließen alle die Wohnung. Wir drückten uns noch mal herzlich und beschlossen, dass wir uns wiedersehen würden. Die meisten sagten, ich solle bitte so bleiben, wie ich war. Ich nahm die Komplimente gerne entgegen. Sie gingen runter wie Öl.

Am nächsten Tag sollte die Reise nach Berlin aber endlich beginnen. Ich fuhr mit meiner Mutter und einer Freundin nach Dortmund. Von dort aus sollte es starten. Großartig viel Zeit, um uns zu verabschieden, hatten wir nicht. Ohne Frage waren wir drei traurig, aber Mutter wollte mir nie Steine in den Weg legen und immer nur das Beste für mich.

Ich machte mich also auf den Weg. Das Abenteuer sollte beginnen …

Kapitel 5

Das Gefühl von Freiheit

Mobbing, Ruhm und treue Hunde

Danke Amy!

Das Jonglieren half mir beim Abschalten und Warten, bis es wirklich losgehen sollte.

Nachdem ich in Dortmund von einem Fahrer abgeholt worden war, passierte eigentlich nichts Spektakuläres.

Ich fragte ihn immer wieder: »Werde ich schöne Mädels abbekommen?«

Er bejahte ständig und war recht schnell genervt davon.

In Berlin angekommen, musste ich mir erst mal einen Döner holen. Dieser Dönerladen hatte sogar eine Maschine, die das Fleisch selbstständig abschnitt. Ich war total geflasht.

So was hatte ich vorher nie gesehen. Jedes Fleischstück war gleichmäßig geschnitten. Ein Grund mehr, so richtig fett reinzubeißen. Oh, hab ich den genossen. Mein erster Döner in Berlin, und er hat so geil geschmeckt.

Danach ging es ins Produktionsbüro. Zuerst lernte ich Katja kennen. Sie war eine von den Oberchefinnen für das Format. Reifes alter, sehr nett, und man merkte direkt, dass sie eine knallharte Geschäftsfrau sein konnte. Irgendwie war sie auch sexy.

Anschließend kam Markus, der Produktionsleiter. Er war etwas fülliger, Mitte 40, hatte einen trockenen, ironischen Humor, den man mit der Zeit einordnen konnte. Auf jeden Fall ein saucooler Typ. Ich hatte keine Ahnung, was Katjas und Markus' Position genau bedeutete, aber na ja, das sollte ich schon herausbekommen.

Zwei Darsteller, die auf meiner Fahrt hierher zugestiegen waren, holten ihre Schlüssel für die Wohnung ab. Da meine Wohnung erst drei bis vier Tage später frei wurde, schlief ich in der Zeit bei Pia und Saskia. Die Wohnung lag etwa 300 Meter vom Produktionsbüro entfernt. Wir wurden trotzdem hingefahren. Deren Wohnung war der Wahnsinn. Übermäßig groß, drei oder vier große Zimmer und ein schönes sauberes Bad. Mein Schlafplatz stand sofort fest: eine sehr kleine Couch. Egal, ich war in Berlin und freute mich auf alles, was kam.

Eine Sache beschäftigte mich trotzdem: Lüdenscheid. Ich rief meine Mutter an. Ich merkte direkt, dass es ihr nicht gut ging. Schließlich sollten wir uns in nächster Zeit kaum sehen. Warum Mutter und mich das so beschäftigte? Die Antwort lag auf der Hand: Ich war ein Mamakind. Mama und ich, wir hatten eine gute Bindung zueinander, aber jetzt war ich mehr auf mich alleine gestellt.

Gott sei Dank waren die anderen Darsteller da und lenkten mich ab. Das erleichterte es mir enorm. Die erste Nacht habe ich so gut rumbekommen.

Am nächsten Tag kamen Freunde von Saskia zu Besuch, und wir fuhren ins KaDeWe. In dem riesigen Einkaufszentrum nahmen wir die Treppe vom Parkhaus aus, als es passierte: Ein Junkie drückte sich eine Spritze in die Vene und sagte nur: »Oh, sorry!«

Der Mann gab sich vor unseren Augen tatsächlich eine Spritze. Wir waren alle geschockt.

Dieses Bild kann ich bis heute nicht vergessen. Da wusste ich direkt: Berlin hatte auch seine Schattenseiten.

Im ›Kaufhaus des Westens‹ kaufte ich etwas, was ich schon die ganze Zeit haben musste: die ›Singstar Malleparty‹ für die Playstation.

Wie bereits erwähnt, war mein zweiter großer Traum, Schlagersänger auf Mallorca zu werden. Wie ich überhaupt darauf kam? Ein kurzer Rückblick in mein Leben erklärt es vielleicht:

Mit 21 oder 22 Jahren flog ich mit meiner Schwester, meiner Cousine und ihrem damaligen Freund nach Mallorca. Eigentlich war ich nur zufälligerweise mitgeflogen, da meine Schwester und ihr Freund sich getrennt hatten – so wurde ein Platz frei. Bevor das Ticket und das Hotelzimmer verfielen, flog ich eben mit.

Auf Mallorca waren wir eines Abends im Bierkönig, und der DJ spielte ›Das rote Pferd‹ von Markus Becker. Auf einmal fing Mirko, der damalige Freund von meiner Cousine, an wie wild mitzusingen. Aber nicht nur er, sondern der ganze Laden trällerte mit. Das hatte mich in dem Moment schwer beeindruckt. Es war toll, diese plötzliche Gemeinschaft zu erleben. Die Leute kannten sich ja eigentlich gar nicht und hatten dennoch gemeinsam Spaß und vergaßen den Alltagsstress. Ich fühlte mich, als würde ich richtig dazugehören. Nicht wie in meiner Schulzeit, in der ich ein Mobbingopfer gewesen war.

Das erste Mal hatte ich in einer Gruppe das Gefühl von Freiheit.

Da mir das Partyvolk auf Malle zum ersten Mal dieses Gefühl gab, musste ich etwas zurückgeben, und zwar allen. Deshalb wollte ich damals Schlagerstar werden, weil ich allen so dankbar war.

Zurück nach Berlin: Abends spielte ich mit Pia und Saskia Singstar. Wir tranken ein wenig und hatten Spaß. Ich traf natürlich keinen einzigen Ton. Am nächsten Tag bekamen wir die Nachricht, dass Roman bei unserem Projekt nicht mitziehen würde. Er stieg aus, bevor es richtig losging. Wegen einer Frau.

Auf der einen Seite hatte es etwas von Charakterstärke, und auf der anderen Seite empfand ich es als recht blauäugig. Dennoch gab ich mich dieser Nachricht gegenüber relativ neutral. Hätte er mitgemacht, hätte es mich nicht gestört, und dass er nicht mitmachte, störte mich dann irgendwie auch nicht.

Also musste ein neuer Darsteller gecastet werden. Am Ende bekam Patrick seinen Part, und ein weiterer Anwärter dafür bekam auch noch eine Rolle. Er sollte zuerst den Bösewicht in der Gruppe spielen. Sein Name war Jens. Als wir uns alle kennenlernten, harmonierten wir super miteinander. Also fiel uns nichts Besseres ein, als in einen Club namens ›Matrix‹ zu ziehen, der direkt bei Pia und Saskia um die Ecke lag. Jens kannte zufälligerweise den Geschäftsführer, und wir besoffen uns ohne Ende. Von der Party weiß ich so gut wie nix mehr, war aber verdammt geil.

Am nächsten Tag war ich völlig verkatert, konnte aber in meine Wohnung. Sie war nicht so geräumig wie Pias und Saskias. Ich hatte ja nur ein Zimmer, aber es war mir egal. Ich war voll und ganz zufrieden, außer mit einem Punkt: Mein Schlafplatz war nur mit 90 x 180 cm bemessen. Ich teilte dies der Produktion mit. Und dann passierte Überraschendes: Ein Fahrer namens Erhan kam umgehend zu mir und kaufte mit mir ein Bett. Die Produktion bezahlte es. Wow!

Zuerst hatte ich Schiss, dass es mir als eine Starallüre ausgelegt werden könnte, aber das taten sie glücklicherweise nicht. Die Leute in der Produktion zeigten Verständnis. Ich war echt beeindruckt.

An dem Tag traf ich mich dann auch wieder mit Saskia und Pia. Wir kauften einen Fußball und gingen in den Park und genossen das Feeling, die Freiheit.

Saskia und ich schossen uns den Ball zu. Pia hatte einen Hund, und der lief dem Ball immer wieder hinterher. Er rannte zu Saskia, zu mir und das immer gleiche Spielchen die ganze Zeit.

Bis es dann passierte: Der Hund lief auf den Ball zu. Saskia setzte zum Schuss an und … Pressschlag! Man hörte nur ein Zischen, und der Ball war platt wie eine Flunder. Somit hatte sich das Spielen mit dem neuen Ball erledigt.

Auf dem Weg aus dem Park kaufte ich mehr aus Zufall ein paar Jonglierbälle und entwickelte in den folgenden Tagen eine Leidenschaft fürs Jonglieren. Ich zog mich ein paar Tage zurück und übte.

Das Jonglieren half mir beim Abschalten und Warten, bis es wirklich losgehen sollte.

Ein paar Tage später hatten wir ein Coaching mit einer Frau Namens Julia. Julia war toll. Lange, rote, gelockte Haare, immer ein gutes Parfum drauf, sportlich, schlank, Mitte 30 und ein offenes Ohr für jeden. Wir führten ein Gruppentraining mit ihr durch. Wir spielten diverse Szenarien durch.

Die erste Aufgabe bestand darin, durch den Raum zu gehen, und sobald Julia das Wort »Freeze« sagte, durften wir uns alle nicht mehr bewegen. Es lief gut von Anfang an. Wir waren sieben Leute und verstanden uns. Yasi, Lutz, Ricarda, Pia, Saskia, Patrick und ich.

Die nächste Aufgabe bestand darin, durch den Raum zu laufen, und wenn einem einer entgegenkam, musste man »Oh, hallo« oder »Hey, hallo« sagen. Wir sollten uns einfach immer wieder begrüßen. Ich denke, Julia wollte auf diese Art und Weise herausfinden, wer gut miteinander konnte.

Das »Oh« interpretierte ich als Abwehrhaltung und das »Hey« als Offenheit. Die meisten, die zu mir kamen, sagten »Oh, Hallo«. Ich verstand nicht, wieso.

Aufgaben dieser Art machten wir den ganzen Tag. Irgendwann führte Julia mit uns allen ein offenes Gespräch.

Es fiel ein Satz, der mir im Gedächtnis blieb: »Jede Gruppe hat immer einen Sündenbock.«

Als wir eine rauchen gehen konnten, und ich dazu kam, gingen auf einmal alle, und ich hatte wieder keine Ahnung, warum. Bis ich begriff: Ich war der momentane Sündenbock.

Dennoch hatte ich keinen Schimmer, weswegen.

Eventuell hatte ich es mir auch eingebildet, aber mein Bauchgefühl sagte mir, ich war wieder der Buhmann der Gemeinschaft.

Julia merkte es und fragte: »Falko, wie fühlst du dich in der Gruppe?«

Da ich mich nicht traute, ihr die Wahrheit zu sagen, sagte ich: »Gut.«

Innerlich war ich aber traurig und gekränkt. Warum hatte es mich wieder erwischt? Ich wusste es einfach nicht. Daraufhin zog ich mich privat immer mehr zurück.

Kapitel 6

Der Rauswurf

Mobbing, Ruhm und treue Hunde

Danke Amy!

Einige Tage war ich dann völlig allein in meiner Wohnung und jonglierte vor mich hin. Erst dann sollte der Dreh beginnen. An die erste Szene erinnere ich mich genau. Es sollte auf mir in meiner Rolle herumgehackt werden. Es fiel mir total schwer, diese Szene zu spielen, weil ich Parallelen zu meinem echten Leben zog. Niemand ging wirklich auf mein Spiel ein. Ich bekam keine Stichworte, es kamen keine Ansätze, mit denen ich etwas anfangen konnte, bis Julia dann mit den anderen redete.

Ich weiß nicht, was es war, aber Julia hatte alles im Griff und sorgte dafür, dass die Gruppe funktionierte. Es war ja klar, wenn wir nicht als Team arbeiteten, dann würde das Format scheiße werden. Das war der Wendepunkt. Von nun an funktionierten wir vor der Kamera. Selbstverständlich war unser Schauspiel verbesserungswürdig, allerdings fingen wir nun an, Teamwork zu betreiben. Ich bekam sogar ein paar Tage später einen besten Freund für die Serie. Sein Rollenname war Fabrizio, aber wirklich warm wurden wir anfangs nicht miteinander. Fabrizio war ein muskulöser, aufgepumpter und tätowierter Italiener, der sich wie ein Teamplayer verhielt. Er wurde mein Hauptspielpartner. Er war in seiner Rolle derjenige, der immer Erfolg bei den Frauen hatte.

Und meine Rolle? Die bekam die ganze Zeit auf die Fresse. Unbewusst war ich sauer auf ihn, weil ich Rolle von Realität anfangs nicht unterscheiden konnte. Fabrizio war daran nicht schuld, aber er war mein Sündenbock. Diese Situationen, in denen ich in der Rolle immer wieder auf die Fresse fiel, nahm ich regelmäßig mit nach Hause und hatte die ganze Zeit das Gefühl, dass der Zuschauer mich nicht mögen würde.

Alle sagten mir zwar: »Du wirst ein Sympathieträger werden«, aber diese Worte konnte ich nie annehmen.

Ich zog mich immer mehr zurück. An den Wochenenden war ich meist alleine. Ich verfiel aus Frust und Langweile dem Alkohol. Jedes Wochenende trank ich. Bier und Pfefferminzlikör. Ich kannte eben niemanden in Berlin. Ich wusste mit meiner Zeit nichts anzufangen. Jonglieren und Saufen – das waren meine Wochenenden. Ein positiver Aspekt dessen: Ich konnte mittlerweile ziemlich sicher mit drei Bällen jonglieren, sogar ein paar Tricks hatte ich drauf.

Nach einiger Zeit wurde ich ins Büro der Produktionsfirma gerufen und gefragt, was ich gerne in den Medien mal machen würde.

Wie aus der Pistole geschossen sagte ich: »Klar, Schlagersänger«, und war schon innerlich am träumen, bald auf der Bühne auf Mallorca zu stehen.

Leider war das ein Irrtum.

Ich bekam zwar eine Schlagerstory, aber die beinhaltete, dass meine Rolle mal wieder auf die Fresse fliegen sollte.

Also war mein zweiter Traum wieder wie eine Seifenblase zerplatzt. Schnell lag meine Hauptsorge darin, dass der Zuschauer mich nicht mögen könnte. Ich bin innerlich fast daran kaputt gegangen.

Was ich tat, um es zu ertragen? Richtig: trinken.

Bei der Arbeit hatte ich nie getrunken, dort erschien ich nüchtern und versuchte, mich so professionell wie möglich zu verhalten.

Eines Tages hatten wir ein Fotoshooting. Wir wurden zur Arbeit immer von einem Fahrer abgeholt und nach Hause gebracht. Ich fuhr mit Jens, der auch nichts anderes als ein Darsteller war, in einem Auto.

Als wir angekommen waren, befahl er mir regelrecht: »Geh erst mal ins Kostüm.«

Ich dachte mir: ›Macht er jetzt hier einen auf Chef, oder was?‹

Ich antwortete: »Nein, ich gehe erst was frühstücken.«

Auf einmal wurde er voll aggressiv und mir gegenüber handgreiflich. Er packte mich an meinem Kragen. Ich hielt mich an einem Geländer hinter mir fest, und er schlug mir auf die Hand, wahrscheinlich in der Hoffnung, dass ich stürzen würde. Einer unserer Fahrer ging letztlich dazwischen.

Tickte der Junge eigentlich noch ganz sauber? Es gab nicht mal einen Grund. Welche Laus war Jens über die Leber gelaufen? Ich rief im Büro an und forderte seinen Rausschmiss. Wo gibt es denn bitte so was? Bei jedem anderen Arbeitgeber wäre er rausgeflogen. Bei uns jedenfalls nicht. Ich zog das Fotoshooting durch und war tierisch angepisst.

Dieser Zustand hielt über Wochen an.

An jenem Abend des Streits nahm Katja mich und Jens in ihrem Auto mit und brachte uns nach Hause. Taktisch kluger Zug von ihr. Sie fing mit Jens und mir ein Gespräch an, aber nicht darüber, was er tat, sondern über allgemeine Dinge. Sie band mich mit ein, also war ich mit diesem Jens in ein Gespräch verwickelt. Wir verstanden uns zwar irgendwie, aber innerlich war ich immer noch tierisch sauer.

Zu Hause ging ich in mich und entschied, meine Füße stillzuhalten, denn schließlich wollte ich meinen Job nicht riskieren.

Irgendwann, als wir wieder drehten, kamen die Autoren aus Köln in die Location und andere Angestellte der Firma. Mich sprach auf einmal ein etwas stämmiger, bärtiger Mann an, der um die 27 Jahre alt war. Sein Name war Flo. Wir verstanden uns auf Anhieb gut und wurden Freunde. Wir unternahmen im Anschluss an den Wochenenden immer wieder was, waren unterwegs und feierten. Endlich hatte ich nach circa drei Monaten jemanden gefunden, der Zeit mit mir verbringen wollte. Ich war von da an nicht mehr alleine.

Als mein Geburtstag kam, wurde ich überrascht. Kurz nach Mitternacht dachten wirklich alle Darsteller an mich und gratulierten. Es war ein wunderbares Gefühl. Flo und ich gingen zu zweit feiern im ›Matrix‹. An diesem Tag waren wir noch nicht in der Ausstrahlung. Wir schädelten uns so sehr mit Cuba Libre weg, dass wir nicht mehr wussten, wo oben und unten war. Ich war so betrunken, dass ich mein Shirt auszog und mit freiem Oberkörper hinter die Theke ging und mir selbstständig etwas zu trinken einschüttete. Das war meine Fahrkarte nach draußen. Im hohen Bogen schmissen mich die Türsteher an meinem Geburtstag eiskalt raus.

Am nächsten Tag rief ich Jens an, da er ja noch den Geschäftsführer kannte, und der legte netterweise ein Wort für mich ein, sodass alles im Guten geklärt wurde. Anscheinend hatte Jens wirklich seine guten Seiten, aber verziehen hatte ich ihm die Handgreiflichkeiten noch nicht. Dennoch war ich ihm dankbar. Also konnte ich befreit weiterdrehen und mich voll auf die Arbeit konzentrieren.

Eines Tages hatten wir mit Julia ein Treffen. Dabei ging es darum, zu jedem Darsteller eine anonyme Pro- und Contra-Bewertung abzugeben. Und wer bekam es ab? Nicht ich! Eine Überraschung für mich. Diesmal war es Jens.

Es hagelte negative Kritik für ihn. Er war der momentane Sündenbock. Er nahm es sich so sehr zu Herzen, sodass ihm vor versammelter Mannschaft die Tränen kamen. Das war der

Moment, in dem er mein Herz erweichte und ich ihm verzeihen konnte. Er war nun der Außenseiter.

Ich kannte dieses Gefühl nur zu gut. Er hatte aber nicht mein Mitleid erregt, nein, es war Mitgefühl und Verständnis. Dieser Mann, der so aggressiv sein konnte, hatte eine butterweiche Seite, und das ist das, was uns alle menschlich macht. Von da an sah ich ihn mit anderen Augen. Klar, er war ab und zu ein Arsch, aber er hatte trotzdem Herz, und das zählte nun mal.

Der Tag der ersten Ausstrahlung kam nun immer näher. Wir waren alle nervös. Umso näher der Tag rückte, umso hibbeliger wurden wir. Wir drehten wie die Verrückten, gaben Gas und freuten uns tierisch. Die Firma bereitete ein Produktionsfest für die erste Ausstrahlung vor.

Bald war es soweit. Es war der 12. September 2011, und wir dachten alle, der Wahnsinn nimmt seinen Lauf.

Kapitel 7

Meine Schulzeit

Mobbing, Ruhm und treue Hunde

Danke Amy!

In der neuen 9. Klasse der Realschule behielt ich mein Verhalten als Klassenclown bei. Blöderweise lernte ich nicht aus meinem Fehler.

Bevor es für mich steil nach oben ging, möchte ich einen Rückblick in meine Kindheit geben. In der Grundschulzeit war ich der Klassenclown. Diese Typen sind eigentlich nervig, aber in der Grundschule konnte mir noch niemand was. Ich war groß und stark, jeder hätte sich mehrmals überlegt, sich mit mir anzulegen. Das hielt bis zur Realschule an.

Dort war ich noch immer der Clown der Klasse, aber es tickten die Uhren ein wenig anders. Wir waren alle älter, und viele waren von meiner großen Fresse genervt. Ich kassierte oft Schläge von meinen Mitschülern, aber gefallen ließ ich mir damals nichts. Anfangs lachten im Unterricht alle noch über meine Witze, aber später waren alle gegen mich, und ich katapultierte mich ganz schnell ins Abseits.

Ich war damals der Sündenbock in der Klasse.

Wie die Struktur in der Klasse war? Wir hatten die Streber, die Faulen, die Normalos, den Starken und den Klassenclown. Der Klassenclown war bei uns nicht beliebt. Ich war morgens immer als Erstes auf dem Schulhof, in der Hoffnung, dass zu wenige Leute zum Fußball da sein würden und ich endlich mal mitspielen konnte. Ich durfte auch tatsächlich mitspielen, allerdings nur, wenn kein anderer einen Ball dabei hatte außer mir. Dies kam jedoch selten vor, weil André, der Starke aus unserer Klasse, mich nie eingeplant hatte. Er bestimmte letztlich, wer mitspielen durfte und wer nicht. Was sollte ich also machen? Mich mit ihm kloppen und voll eine aufs Maul kriegen? Sorry, gegen den hatte ich null Chance. Das war mir damals klar.

Eines Morgens vor Schulbeginn spuckte einer der Mitschüler einen ekligen Rotzer auf den Boden, und ich wurde mit

Absicht reingeschubst. Das hatte so wehgetan. Nicht der Schubs, sondern das Gelächter der Mitschüler. Irgendwann revanchierte ich mich bei dem rotzenden Schüler. Er fand es so wahnsinnig witzig und meinte, noch einen draufsetzen zu müssen, indem er mich von hinten in den Schwitzkasten nahm. Wie ich mich wehrte? Ich biss ihm in den Arm. Er fing laut an zu schreien. Boah, tat das gut, die ganze Wut mal an diesem Arsch rauszulassen.

Eines Tages sollten ein paar Jungs aus der Parallelklasse die besten Fußballer des Jahrgangs zusammensuchen. Ich kam diesen Jungs als Erster in den Kopf. Es soll nicht arrogant klingen, aber ich war wirklich einer der Besten. Leider sahen das ein paar Mitschüler anders und beeinflussten diese Jungs. Somit wurde mir auch der Zugang zur Schülermannschaft verwehrt. Ich wäre wirklich stolz gewesen, dort mitzuspielen, aber durch irgendwelche Idioten, die nicht mal geradeaus laufen können, wurde ich ersetzt. Ich hatte zwar damals mit Sicherheit meine Macken, aber was Böses wollte ich nie jemandem.

Ich nahm Tag für Tag den ganzen Kummer aus der Schule mit nach Hause. All die Jahre führte der starke André immer wieder Aktionen aus, um mich weiterhin auszugrenzen. Beim Fußball ging er immer besonders aggressiv in den Zweikampf gegen mich. Ich hatte Angst, schlimme Verletzungen davonzutragen. Ich versuchte, mich weitestgehend von ihm fernzuhalten. Leider ist das nicht immer möglich gewesen.

All die Jahre musste ich dieses Leid und die Qualen ertragen. In der Realschule blieb ich in der neunten Klasse sitzen, vielleicht weil ich dem privaten und schulischen Stress nicht gewachsen war. Dazu kam, dass auf dem Nachbargelände auch die Hauptschule gelegen war. Der Ruf, mich immerfort ärgern zu können, hatte sich bis dahin verbreitet, sodass nicht nur die Schüler meiner Schule mich hassten, nein, die Hauptschüler nun auch, und so konnte ich jahrelang aufpassen, dass die mich nicht auch noch schnappten. Die Realschüler beschränkten sich wenigstens nur auf die Schulzeit, aber die Hauptschüler jagten mich sogar nach Schulschluss bis nach Hause – zu dritt, viert oder fünft. Eins gegen eins wäre aus meiner Sicht noch okay gewesen, dann hätte ich mich eventuell noch wehren können. Aber fünf gegen einen? Was sollte das? Zudem war ich auch noch jünger als die meisten.

Eines Tages standen fünf Schüler vor meiner Haustür. Einfach so, ohne Grund. Sie wollten mich verprügeln, aus reinem Zeitvertreib. Mein Wohnort war zehn Minuten von der Schule entfernt. Der Partner meiner Mutter arbeitete fünf Minuten von der Schule entfernt. Als ich nach Hause kam und die Schüler sah, rannte ich davon und holte ihn.

Was er tat? Ohne zu zögern fragte er mich: »Wer war es das letzte Mal?«

Ich zeigte zur Gruppe: »Der Blonde!«

Boah, war das geil. Werner holte aus und klatschte dem Jungen so was von eine, als würde ein Ball zerplatzen. Von da an fasste mich nie wieder einer dieser Schüler an. Ich weiß, ein Erwachsener sollte niemals ein Kind schlagen, aber damals war es wohl der einzige Weg, dass die verzogenen Jungs es einsahen. Die Hauptschüler war ich los.

In der neuen 9. Klasse der Realschule behielt ich mein Verhalten als Klassenclown bei. Blöderweise lernte ich nicht aus meinem Fehler.

Die Personen, die mich nicht mochten, waren die Streber und der Starke. Die Streber fühlten sich von mir gestört, und der Starke wollte wahrscheinlich einfach nur zeigen, dass er Eier hatte. In dieser Klasse ging es dennoch recht ruhig zu.

Diese ganzen Ereignisse in meiner Schulzeit stachelten mich dazu an, etwas ganz Großes schaffen zu müssen. Ich wollte beliebt sein. Ich wollte es allen zeigen. Ich wollte größer und besser sein als alle anderen, und nicht zuletzt deshalb ging ich zum Fernsehen.

Warum ich das alles erzähle? Um zu zeigen, was vor der ersten TV-Ausstrahlung von ›Berlin – Tag und Nacht‹ passiert war.

Nun konnte jedoch das Abenteuer weitergehen …

Kapitel 8

Wilde Premiere

Mobbing,
Ruhm und
treue Hunde
Danke Amy!

In dem Holzpavillon waren wir alle total euphorisiert.

Die Premierenfeier für ›Berlin – Tag und Nacht‹ war in vollem Gange. Alle, die mit dem Format zu tun hatten, waren anwesend. Die Location in Berlin-Friedrichshain war der Hammer. Ein riesiger Holzpavillon mit Außenbereich, und das Wetter spielte auch mit. Es gab gutes Essen und jede Menge alkoholische Getränke. Das gegrillte Fleisch und die Salate waren einfach lecker. Die Stimmung war ausgelassen, und alle lachten. Wir vertrieben uns die Zeit, weil wir bis 19 Uhr noch warten mussten. Denn da sollte die eigentliche Premiere der ersten Folge starten.

Kurz vor 19 Uhr kamen alle im Holzpavillon zusammen. Es war abgedunkelt, und die riesige Leinwand zeigte das Programm. Um Punkt 19 Uhr wurde es laut. Die Leute klatschen, jubelten und grölten. Während der Folge war es allerdings still.

Noch als die Episode im Fernsehen lief, bekam ich die ersten SMS geschickt - und das von Leuten, von denen ich seit Ewigkeiten nichts mehr gehört hatte.

Ich kannte diese auch nur flüchtig.

»Hey, bist du das im TV? Lass uns doch mal wieder etwas machen?«, schrieben sie.

Eine andere SMS: »Hi, lang nix gehört. Ich habe dich grad im TV gesehen, lass uns doch mal einen Kaffee trinken gehen.«

Diverse SMS folgten.

Ich dachte mir: ›Ticken die noch ganz sauber? Jahrelange habt ihr euch einen Scheiß für mich interessiert, und jetzt lasst ihr von euch hören? Am Arsch auch!‹

Ich antwortete etwas Ähnliches wie: »Wohne mittlerweile in Berlin und habe auch viel zu tun.«

Nach so vielen Jahren hatte ich kein Interesse mehr an diesen Menschen. Nicht weil ich dachte, dass ich nun jemand Besonderer bin, sondern weil ich ihnen jetzt auf einmal mir nichts dir nichts als gut genug erschien. Plötzlich war ich einer von ihnen? Ein Freund? Ein guter Bekannter? Der gute Freund aus dem Fernsehen? Fand ich irgendwie doof! Zu dem Zeitpunkt stand für mich bereits fest, dass ich meine Nummer schnellstmöglich ändern musste.

In dem Holzpavillon waren wir alle total euphorisiert.

Aus einem etwas anderen Blickwinkel als die Zuschauer zu Hause auf der Couch sahen wir die Folge. Wir dachten, wir hätten das megakrasse, supergeniale und geilste Format der Welt geschaffen. Die meisten redeten davon, dass die Quote der Hammer sein würde, die wir morgen bekommen sollten.

Im Anschluss ließen wir es krachen. Das große Besäufnis begann. Man spürte die Euphoriewelle sogar, als man pinkeln ging. Die Fröhlichkeit der Menschen war auf der Feier überall. Fabrizio und ich waren auch so euphorisiert, sodass wir uns an dem Abend super verstanden. Fabrizio spielte meinen besten Freund in der Serie. Er war ein Italiener mittleren Alters, muskulös, viele Tattoos, und keine Frau war vor ihm sicher. Natürlich freundeten wir uns auch privat an. Wir gaben uns sogar einen Kuss auf die Wange, wie ›Best Buddies‹ es manchmal so tun. Wir soffen, alberten rum und erzählten uns gegenseitig, wie wir die Frauenwelt auf den Kopf stellen würden. Frauen, so viele wir wollten. Wir lachten und fühlten uns geil. Natürlich kippten wir den Alkohol immer weiter in uns hinein. War ja schließlich alles umsonst.

Die TV-Produktion hatte zwei weitere Folgen mitgebracht. Die schauten wir uns ebenfalls an. Mittlerweile wurde in dem Pavillon ein wenig Licht gemacht. Es lief grad eine Folge, in der ich die Hauptgeschichte hatte. Ständig guckte mich in dem Pavillon ein Mann an. Er hieß Herr Falkenstein. Eigentlich nur ein Durchschnittstyp. Während der Folge schaute er immer wieder zu mir.

Sein Gesichtsausdruck sagte mir: ›Junge, du hast einen geilen Job gemacht.‹

Ich grinste ihn an und freute mich darüber. Ich kannte den Mann zwar nicht, aber er schien nett zu sein. Da seine Geste gut bei mir ankam, war ich selbstverständlich auch freundlich, aber wir redeten kein einziges Wort miteinander.

Im Laufe des ganzen Abends schaute ich immer wieder aufs Handy. Auch auf Facebook schaute ich, was sich so tat. Ich wusste nicht, was alles auf mich zukommen würde, aber ich war total neugierig. Ich weiß nicht mehr, wie viele Nachrichten es waren. Es waren auf jeden Fall mehr, als ich Bier trinken konnte. Sogar Leute aus der Schulzeit meldeten sich. Leute, die mich früher mit dem Arsch nicht anguckten. Es war in dem Moment eine wirkliche Genugtuung, dass diese Leute jetzt angeschissen kamen. Ich freute mich darüber.

Es lief auf der Feier ab wie auf vielen Firmenfeiern. Irgendwann waren die meisten so besoffen, dass sie nicht mehr stehen konnten und nur nach Hause wollten. Ich war einer davon.

Kennt ihr die Ausdrucksweise ›einen polnischen Abgang machen‹? Es bedeutet, von einer Party abhauen, ohne sich von jemandem zu verabschieden. Ich war so betrunken, dass ich froh sein konnte, irgendwie nach Hause gekommen zu sein. Bis heute weiß ich nicht, wie ich das schaffte.

Gott sei Dank hatten wir am nächsten Tag frei. Boah, was brummte mir der Schädel. Ich vegetierte nur so vor mich hin. Aber eine Info war mir wichtig: Wie war die Quote?

Ich rief im Büro an.

»Knapp über 4 % war die Quote in der Zielgruppe«, wurde mir durchgegeben.

Unsere Hauptzielgruppe waren die 14- bis 49-Jährigen. Also eigentlich hammermäßig schlecht. Grottenschlecht, um ehrlich zu sein! Ich sah meine Träume als TV-Star schon schwinden.

Nun ja, heute sollte dann die zweite Folge laufen, und wir hatten alle frei. Meine Euphorie war längst verschwunden, natürlich auch aufgrund der Alkohol-Nachwehen. Am nächsten Tag ging es wieder zu Dreharbeiten. Wir erfuhren die zweite Quote: 4,1 %. Also auch nicht besser.

Ein paar Tausend Haushalte verfügen in Deutschland über ein Zusatzgerät, welches das Fernsehverhalten genau registriert. Daraus wird die Einschaltquote einfach hochgerechnet. Diese ausgewählten Zuschauer gab es in ganz Deutschland. Es waren gerade mal 3.000 Haushalte. Ein Gerät stand für 25.000 bis 26.000 Zuschauer. Es waren demnach nur Richtwerte.

Kapitel 9

Alles für die Quote

Mobbing,
Ruhm und
treue Hunde

Danke Amy!

Die Stimmung im Team war natürlich nicht so toll. Wir waren enttäuscht, denn wir hatten uns fast ein halbes Jahr den Arsch aufgerissen. Alles für solch beschissene Quoten? Na ja, wir motivierten uns und machten weiterhin unsere Arbeit, so gut es ging.

Am darauffolgenden Tag hatten Fabrizio und ich früh Feierabend.

Ich rief an und sagte: »Du, wollen wir mal zum Alexanderplatz ins Einkaufszentrum ›Alexa‹ gehen und gucken, was passiert?«

Er sagte sofort: »Ich bin dabei!«

Also fuhren wir hin.

Lauter fremde Leute gucken uns an, als seien wir irgendwelche Affen im Zoo.

Dann kam unser erstes Foto. Ich erinnere mich genau an diesen Jungen: Mitte 20, etwas pummelig, weißer Pullover, kurze braune Haare, an den Seiten abrasiert. Er quatschte uns an, und wir redeten bestimmt fünf Minuten mit ihm.

Am Ende fragte er total lieb und nett: »Könnten wir vielleicht ein Foto machen?«

Fabrizio und ich antworteten synchron: »Klar!«

Wir drei mussten lachen und machten das Foto. Im ›Alexa‹ selbst war an diesem Tag nichts los. Ein paar Leute erkannten uns, aber es war recht überschaubar. Also fuhren wir wieder nach Hause.

Während der ganzen Woche änderte sich an der Quote nichts, aber wir arbeiteten motiviert weiter. Freitag nach

Feierabend fragte ich Fabrizio, ob wir weggehen wollten. Natürlich taten wir es. Wenn die Quote schon so schlecht war, dann mussten wir wenigstens mal raus und unsere Erfahrungen machen. Wir gingen in eine Disco namens ›Q-Dorf‹.

Fabrizio ging voran. Er wurde sofort erkannt. Alle stürzten sich auf ihn. Fast nur Frauen. Es bildete sich eine Traube um ihn, die gigantisch war. So was hatte ich noch nie gesehen. Bestimmt 20 Frauen und vielleicht 10 Männer.

Ich dachte mir etwas enttäuscht: ›Toll, mich erkennt keiner.‹

Eine Frau aus der Traube drehte sich dann zu ihrer Freundin um, guckte mich auf einmal an und schrie: »Ey, da ist ja noch einer!«

Auf einmal waren fast nur Frauen um mich herum, und sie kreischten und zückten ihre Handys und machten Bilder.

›Ach du heiliges Hirschgeweih!‹

Ich wusste nicht, wie mir geschah. Fabrizio wusste es auch nicht, aber wir fanden es geil. Das ging den ganzen Abend so. Natürlich hielten wir nach süßen Frauen Ausschau.

Als die Erste kam, die superhübsch war, fragte ich sie: »Was machst du nachher noch?«

Sie antwortete: »Weiß ich noch nicht. Wieso?«

Kackdreist fragte ich sie: »Hast du Bock, jetzt mit zu mir zu kommen?«

»Ja, klar!«, sagte sie, und ich dachte, ich hör nicht richtig. Eine superhübsche Frau, wir hatten gerade einmal drei Sätze miteinander gewechselt, und sie sagte »Ja«? Ich wusste nicht mal ihren Namen. Ich ließ mir ihren Ausweis zeigen, und sie war 20.

Fabrizio hatte natürlich auch eine am Start. Wir stiegen ins Taxi, und ich schob ihr einfach meine Zunge in den Hals. Sofort und ohne Vorwarnung! Fabrizio stieg zuerst mit der Lady aus, danach fuhren wir zu mir. Beim Spätkiosk besorgten wir uns noch eine Flasche Sekt. Wir hatten den Sekt nicht einmal geöffnet, und schon sollte die Party steigen. Tja, leider hatte ich Idiot keine Kondome, also blieb es bei allem anderen außer richtigem Sex.

Samstagmorgen fragte ich sie, ob sie eventuell bleiben wollte. Sie bejahte es, und ich besorgte erst mal Kondome. Wir waren beide nüchtern, holten uns eine Flasche Sekt, stiegen zunächst in die Badewanne und vögelten im Laufe des Wochenendes die ganze Packung Kondome weg. Sonntagabend bedankte ich mich bei ihr, und wir beschlossen, uns wiederzusehen, aber was Festes würde nicht daraus werden. Somit hatte ich meine erste Fickbeziehung. Das fand ich damals ziemlich geil!

Beim Dreh am Montag hieß es: »Freitag war die Quote bei 5,6 %.«

Okay, war schon mal besser als vorher. Fabrizio und ich waren bei der Arbeit super drauf, denn wir hatten ein gutes Wochenende gehabt. Zwei Frauen waren bei uns.

Unter der Woche traf ich meine neue Bekanntschaft wieder. An jedem Wochenende schleppten Fabrizio und ich weitere Frauen ab. Das ging die ersten sechs Wochen nur so. Ich hatte nicht nur eine Affäre laufen, nein, auf einmal waren es vier bis fünf gleichzeitig.

Parallel wurden auch die Quoten besser: 7,6 %. Yeah!

Am darauffolgenden Wochenende gingen wir ins ›Kosmos‹. Ein Club in Friedrichshain. Fotos, quatschen und saufen. Wir redeten mit zwei Frauen. Fabrizio die Hübsche und ich ihre Freundin. Na toll!

Fabrizio zog plötzlich weiter. An diesem Abend war er von jetzt auf gleich verschwunden.

Irgendwann kam die Hübsche zu mir, während ihre Freundin auf Toilette war, und sagte: »Bevor wir mit euch ins Gespräch kamen, meinte meine Freundin, wenn du nicht im Fernsehen wärst, würde sich keine Sau für dich interessieren.«

Meine Antwort: »Ich bin aber im Fernsehen! Ist mir doch egal!«

Sie grinste mich an. Natürlich hatte sie recht, aber ich fragte mich viel eher, wieso sie ihre Freundin in die Pfanne haute. Ist eigentlich unterste Schublade. Na ja, die Hübsche gefiel mir dennoch, und ich hätte nicht lang wählen müssen, wenn ich gefragt worden wäre, welche ich hätte mitnehmen wollen. Ihr dürft raten, was passierte. Richtig, ich nahm sie mit. Die Hübsche natürlich!

Kennt ihr das Sprichwort ›Ich kam, sah und siegte‹?

An dem Abend war bei mir die Reihenfolge anders: Ich sah, siegte und kam. Es war der Hammer. Trotzdem war es assi von ihr, ihrer Freundin das Messer so in den Rücken zu rammen. Aber hey, da ich ohnehin kein Interesse an der anderen hatte, konnte ich es mit mir vereinbaren. Mittlerweile hatte ich, was meine Frauengeschichten betraf, selbst den Überblick verloren. Es waren auch nicht immer nur Hübsche dabei, sondern auch normale Durchschnittsfrauen. Bei einigen ging der Kontakt irgendwie verloren. Bei anderen ging es eine Weile weiter mit der Affäre.

Für die letzten Zeilen wird mich die Frauenwelt bestimmt verurteilen, man muss es jedoch so sehen:

Die Frauen, die mit mir mitkamen, hatten mich ebenfalls nur als Trophäe gesehen.

Das bedeutet doch, beide Seiten hatten etwas davon. Die konnten sich ein Stück weit rühmen, und ich hatte meinen Spaß. So, wie die Frauen mich ausnutzten, nutzte ich meinen Status aus. Eine klassische Win-win-Situation!

Bei mir daheim, ließ ich mir von den Frauen immer das Handy geben. Ich wollte es nicht riskieren, dass eine Fotos oder Videos machte. Ganz wichtig: Den Ausweis ließ ich mir immer zeigen, um sicher zu gehen, dass sie bloß nicht zu jung waren. Überraschenderweise zeigten die Frauen immer Verständnis dafür.

Mittlerweile stiegen die Quoten, und die Serie wurde immer beliebter. Jede der Figuren wurde bekannter. Damit natürlich auch meine Figur ›Ole ohne Kohle‹.

Ein eigenartiger Nebeneffekt war, dass die Zuschauer dachten, dass alles echt sei. Dabei haben wir natürlich jeden Tag nur nach Drehbuch gespielt. ›Ole ohne Kohle‹ war eine Figur, aber die Leute dachten, dass ich tatsächlich so heiße.

Meine Wochen sahen folgendermaßen aus:

Arbeiten, Sex, drehen, vögeln, arbeiten, Sex und dann das Ganze wieder von vorne.

Meistens tatsächlich mindestens drei bis vier Tage die Woche und dann kam auch das Wochenende.

Wenn ich mal alt bin, kann ich sagen: »Ich habe gelebt!«

Ich musste alle zwei Monate meine Nummer wechseln, weil sie ständig in Umlauf kam. Mein Facebook-Account explodierte, sodass ich mir ein zusätzliches privates Profil zulegen musste.

Bald darauf gingen alle Darsteller im ›Matrix‹ feiern. Wir alle wurden so was von megagehypt. Ich würde nicht sagen, dass wir Höhenflüge hatten, aber wir veränderten uns natürlich. Jeder auf seine eigene Art und Weise. Ich wurde zur reinsten Partysau.

Könnt ihr euch noch daran erinnern, als ich an meinem Geburtstag aus dem ›Matrix‹ flog? An diesem Abend ereignete sich Folgendes: Ich zog mein Shirt aus, ging auf den Tresen und tanzte. Der Erste, der die Aktion fett feierte, war Jens. Alle waren in der VIP-Lounge, und der Tresen bestimmt zehn Meter entfernt. Die Bude war rappelvoll. Jens schrie so laut, dass aus der ganzen Menge dieser Schrei herausstach. Wir schauten uns an und hoben beide die Fäuste.

Währenddessen kam der Typ auf die Theke, der mich damals hatte rausschmeißen lassen, und zeigte mir an, dass ich mal in die Hocke gehen sollte. Hinter seinem Rücken zog er eine Flasche Wodka hervor und kippte mir den puren Wodka in den Hals. An meinem Geburtstag hatte er mich für etwas Ähnliches rausschmeißen lassen, und jetzt brachte er so eine Aktion?

Natürlich genoss man solche Ereignisse, aber so eine Heuchelei kann doch eigentlich nicht sein. Ich war immer noch derselbe Mensch wie damals, nur mit einem bekannteren Namen. Eigentlich ist es echt traurig, dass er in diesem Moment so handelte.

Am Ende des Abends war ich so besoffen, dass ich eine Frau abschleppte, die wirklich keine Schönheit war. Autsch, den Abend hätte ich mir kneifen können.

Ich war allerdings immer stolz darauf, dass nach all den Partyexzessen die Arbeit von meiner Seite nie darunter litt.

Der Dreh fing aber immer mehr an, Routine zu werden. Unser Privatleben genossen wir dennoch alle. Jeder Einzelne.

An einem Wochenende war ich als Gast auf der After-Show-Party bei der Venus. Ich war im VIP-Bereich mit Flo zusammen. Er war einer der Cutter und zog von Köln nach Berlin wegen des Formats. Er war ein richtiger Kumpeltyp und in meinem Alter. Wir beide waren mehr oder weniger alleine in Berlin. Im Grunde hatten wir nur unsere Arbeitskollegen und uns dann halt privat.

Wahnsinn! Vivian Schmitt lief mir direkt vor die Flöte, und sie sagte, sie kenne mich und möchte ein Foto mit mir. Vivian ist eine der bekanntesten Pornodarstellerinnen Deutschlands. Ich war total baff. Unglaublich, was der Promistatus einem alles ermöglichte.

Ich sage euch eins: Ja, ich kannte die meisten Darstellerinnen auf dieser Party, aber nicht persönlich. Ihr braucht mich dafür nicht verurteilen. Jeder Mann hat sich schon mal Pornos angeguckt. Wer das abstreitet, ist ein Lügner oder weiß nichts mit sich anzufangen.

Ich genoss diesen Abend mit Flo. Wir kamen uns wie die Kings vor. Geile Weiber, VIP-Bereich und saufen ohne Ende. Das war seit Langem ein Abend, an dem ich alleine nach Hause ging, weil ich die Zeit einfach mal so genießen wollte. Ich glaube, das war mit Abstand der besoffenste Abend überhaupt. Als ich zu Hause ankam, konnte ich den Hausflur nur noch hochkriechen.

Am 6. Dezember 2011 waren wir zu einem Essen eingeladen. Alle Darsteller und alle hohen Tiere der Produktionsfirma. Sogar der Programmdirektor des Senders war da. Zuerst aßen wir alle und waren gut drauf. Natürlich gab es auch wieder Drinks, und ich begann immer mehr zu trinken, ohne es zu merken.

Nachdem wir gegessen hatten, wurde verkündet, dass die Produktion von ›Berlin – Tag und Nacht‹ um ein weiteres Jahr verlängert wurde, weil die Quoten mittlerweile auch bei 10 % lagen. Wir freuten uns sehr, konnten unser Glück kaum fassen und umarmten uns alle. Eigentlich war die Arbeit für neun Monate geplant – jetzt noch ein weiteres Jahr Berlin. Hammer!

Im Laufe des Abends sagte der Programmdirektor zu mir: »Falko, weißt du, worauf ich Bock habe?«

»Nee, keine Ahnung!«

»Ich habe Bock darauf, dass du nächstes Jahr am Ballermann singst«, meinte er zu mir, und ich dachte nur, er wollte mich verarschen.

Tat er allerdings nicht. Er zückte sein Handy, rief einen Songwriter an und gab mir das Telefon.

Ich war perplex. Alter, er meinte es ernst, und so konnte sich die Produktionsfirma nicht mehr dagegen sträuben, mich zum erfolgreichen Schlagersänger zu machen. Immerhin hatte ich den Chef nun auf meiner Seite.

Kapitel 10

Weihnachten daheim

Es war toll, jeder erkannte mich. Wir konnten keine zehn Meter gehen, ohne in irgendeiner Art und Weise angesprochen zu werden.

Bald stand Weihnachten vor der Tür, und ich wollte in Lüdenscheid meine Familie besuchen. Kurz bevor ich losfuhr, bekam ich von meinem damaligen Bezirksdirektor aus der Versicherungsbranche eine SMS. Er bat um Autogrammkarten, und ich sollte ihm Bescheid geben, wenn ich in der Heimat war.

Natürlich bestätigte ich mit einem »Ja«, aber da ich immer noch angefressen war und daran dachte, wie alles damals alles ablief, bekam er keinen Bescheid von mir und auch keine Autogrammkarten. Eine kleine späte Rache.

Am 22. Dezember 2011 ging es nach Lüdenscheid. Das erste Mal in der Heimat mit Fame. Innerlich freute ich mich. Es war Showtime!

In der Heimat angekommen, ging es erst mal zur Familie. Es war ein freudiges Wiedersehen. Meine Mutter freute sich am meisten, und sie war sichtlich gerührt, mich zu sehen. Ihre Freudentränen konnte sie nicht zurückhalten. Am 23. Dezember gingen wir in die Innenstadt. Warum? Jeder sollte wissen, dass ich zurück war.

Es war toll, jeder erkannte mich. Wir konnten keine zehn Meter gehen, ohne in irgendeiner Art und Weise angesprochen zu werden.

Sogar Personen, die in der Vergangenheit ständig über mich schlecht geredet hatten, wollten ein Selfie mit mir machen.

Das war eine große Genugtuung. Ich tat ansonsten genau dasselbe in der City wie früher auch schon. Meinen Lieblings-Hotdog aßen wir, aber von Ruhe keine Spur. Keine Chance! Ständig kam jemand und sprach mich an. Ich war aber nicht angenervt, denn ich wollte, dass die Leute mich ansprachen. Innerlich befriedigte es mich, und ich nahm mir vor: ›Wenn ihr was wollt, dann müsst ihr schon herkommen.‹

Leider beging ich damals einen Fehler. Eine Situation, die mich bis heute verfolgt. Ich ging in einen Einkaufsladen, zehn Meter von mir entfernt, vielleicht vier bis fünf Erwachsene. Zwischen der Gruppe und mir ein kleiner Junge – etwa acht bis zehn Jahre alt. Mir war aufgefallen, dass er scheinbar etwas von mir wollte. Er traute sich aber nicht so recht, den Mund aufzumachen. Was ich tat? Ich ging an ihm vorbei, weil ich auch nicht ganz sicher war, ob ich mit meiner Vermutung richtig lag. Wahrscheinlich war er davon sehr enttäuscht. Als ich fünf Minuten später aus dem Laden ging, dachte ich über die Situation nach und erkannte, was für ein Idiot ich war. Ich ging wieder zurück. Leider war der Junge nicht mehr da.

Auch wenn Kinder auf der einen Seite lernen sollten, den Mund selbst aufzumachen, war es klar, dass er sich nicht getraut hatte, mich anzusprechen. Ich war für ihn wahrscheinlich ein Star aus der Glotze, den er plötzlich live sah. Es tut mir leid, dass ich ihn so enttäuscht habe.

Kleiner Junge, wenn du das hier lesen solltest, bitte melde dich mal, damit ich dir sagen kann, dass es mir wirklich leidtut.

Am Heiligen Abend war Familientag. Da passierte an sich nichts Spannendes. Alte Tradition: Es gab Kartoffelsalat mit Bockwürstchen. Mama machte den weltbesten Kartoffelsalat.

Abends ging es ohne Familie in die Stadt. Jetzt fragt ihr euch: mit wem? Sein Name war Artur.

Artur war in der Schulzeit jemand, der mich auch nicht wirklich leiden konnte, aber ein paar Jahre später freundeten wir uns an. Bei ihm wusste ich, wir würden uns immer noch verstehen. Vor dieser ganzen Fernsehsache verstanden wir uns auch schon. Bei ihm war die Freundschaft ehrlich gemeint und nicht, weil ich im TV zu sehen war. Er brachte drei andere Freunde mit, die ich nicht kannte.

Als wir an dem Abend die Disco betraten, waren alle Blicke auf mich gerichtet. Krass, ich war wieder der Affe im Käfig. Ich kam mir allerdings vor wie der King. Foto hier, Foto da. Man wusste gar nicht, was abging.

Die größten Idioten, die mich vor der TV-Sache am schlimmsten behandelt hatten, meinten auf einmal, einen auf »guten Kumpel« machen zu müssen.

So ging das den ganzen Abend. Jedoch war etwas seltsam: Leute, die mich schon von früher her kannten und auch damals schon nett zu mir waren, grüßten mich teilweise gar nicht mehr. Wieso? Waren sie neidisch oder wussten sie nicht, wie sie mit mir umgehen sollten? Waren sie unsicher, ob ich mich wohl verändert hatte? Keine Ahnung!

Weil ich es in der Disco als ziemlich stressig empfand, betrank ich mich. Irgendwann wollte ich dann heim und hatte vor, wieder einen polnischen Abgang zu machen. Aber da ich nun die Bekanntheit hatte, war dies leider gar nicht mehr möglich. Boah, war das ätzend. Ich war voll wie tausend Russen, und dann wurde ich noch zugelabert. Scheiße, dabei wollte ich nur ins Bett. Irgendwann schaffte ich es dann doch noch nach Hause.

Am 25. Dezember dasselbe Spielchen: futtern, chillen und feiern. Natürlich im selben Laden. Artur und seine Jungs wieder mit am Start. Der Abend lief genauso wie der erste. Außer, dass diesmal Autogrammkarten mitwirkten. Irgendwann war ich wieder so besoffen, dass ich nicht mal meine Unterschrift hinbekam. Dann ging es aber wieder nach Hause. Ich brauchte ein paar Stunden Ruhe.

Am nächsten Tag das Gleiche noch einmal. Wieder fressen, chillen und feiern. Wieder mit Artur und den Jungs. Diesmal wollten wir allerdings unsere Ruhe haben, und ich nahm mir vor, keine Fotos zu machen. War ja klar, dass dies nicht möglich war. Irgendwann verabschiedete ich mich von Artur.

Ich sagte ihm: »Ich werde jetzt einen polnischen Abgang machen.«

Da Artur Pole war, mussten wir beide lachen, schlugen ein und verabschiedeten uns.

Am 27. Dezember war ich völlig zerstört. Meine Mama brachte mit zum Bahnhof, weil ich wieder nach Berlin wollte. Natürlich weinten wir beide. Abschiede sind immer schwer. Wir drückten uns noch mal und sagten: »Ich hab dich lieb!«

Rein in den Waggon, und nun wurde mir Regel Nr. 3 bewusst: ›Fahre verkatert nicht mit dem Zug.‹

Die Regel Nr. 1 ›Nimm Ohrenstöpsel mit!‹ hatte ich völlig verpeilt, was es noch schwerer machte.

Mein Platz war dort, wo eigentlich das Gepäck liegen sollte. Sorry, aber mir ging es so beschissen, dass ich einfach liegen musste. Boah, die Rübe war kurz davor zu explodieren. Dann wieder das Knistern der Brötchentüten, schreiende Kinder, und der Zug selbst war auch noch viel zu laut. Grummeln im Magen. Oh, nein! Ich musste auf den Pott.

Nun kommt Regel Nr. 4: ›Bevor du Zug fährst, geh noch mal so richtig gemütlich zu Hause auf Toilette.‹

Die Klos in der Bahn sind richtig ekelig. Da ich ein Heimscheißer bin, kam zu den ganzen Problemen noch, dass ich einhalten musste. Gott sei Dank gelang es. Zu Hause angekommen, erst mal der Keramik zeigen, wer der Boss ist.

Nach den ganzen anstrengenden und alkoholreichen Weihnachtstagen wurde erst mal fett geschlafen.

Kapitel 11

Erfolg bei Frauen

Mobbing, Ruhm und treue Hunde

Danke Amy!

Oh Gott, bis dahin mein erster Schnellschuss im Leben.

Mein Erfolg bei den Frauen war nun sehr groß. Es waren sehr hübsche dabei, durchschnittliche Frauen und im Suff auch ab und zu der eine oder andere Trümmerschuss. Es gab aber auch eine Frau, die war das absolute Highlight. Eines Tages erschien sie am Set als Komparsin.

Komparsenrollen waren Kleinrollen, die keine großartige, inhaltliche Bedeutung auf Drehbuchebene hatten. Dazu gibt es beim Fernsehen ein Sprichwort:

Wer Requisiten frisst, fickt auch Komparsinnen.

Wir alle waren die Weltmeister im Requisiten fressen.

Zurück zur Frau: Sie war schlank, sportlich, schwarze lange Haare, gemachte Brüste, ein supergeiles Gesicht und ein Arsch wie gemalt. Ihr Name war … ich sag mal: Sarah. Als ich sie sah, wollte ich sofort meinen Lachs buttern bei Sarah. So selbstbewusst, wie ich nun war, kamen wir sofort ins Gespräch. Bei uns Darstellern gab es eine Art Ehrenkodex: Ist ein Darsteller an einer Frau dran, halten sich alle andern schön zurück. Ganz nach dem Motto: Wer zuerst kommt, mahlt zuerst. Mein Glück in diesem Fall.

Ich unterhielt mich circa zehn Minuten mit Sarah und zog mich dann ein wenig zurück, um interessanter zu wirken. Komischerweise hielt sie sich immer in meiner Nähe auf und drehte bevorzugt ihren Hintern in meine Richtung. Sie hatte eine schwarze Leggings an. Das Schöne an Leggings: Sie sagen immer die Wahrheit.

Ich fragte mich, was Sarah eigentlich einfiel, die ganze Zeit so grazil vor meiner Flinte herumzulaufen. Natürlich hatte ich gerade das übelste Zelt in der Hose. Ich dachte, ihr Verhalten war glatt weg geplant. Sarah war so was von heiß.

Bevor sie Feierabend hatte, fragte ich sie: »Hast du Lust, mal was zu unternehmen?«

Sarah antwortete mit einem bezaubernden Lächeln: »Ja, gerne.«

Wir wussten beide, worauf es hinauslaufen sollte. Ehrlicherweise wollte ich sie nur einmal haben. Wie sagt man so schön: Von einem schönen Teller isst man nicht allein. Also konnte ich unmöglich der Einzige für sie sein. Sarah als Freundin? Auf keinen Fall!

Am nächsten Abend trafen wir uns dann. Sie machte auf mich den gleichen Eindruck wie am Tag zuvor. Küsschen links, Küsschen rechts. Wir lächelten und hatten tierisch Bock aufeinander. Das war sonnenklar.

Sie fragte recht bald: »Was machen wir jetzt?«

»Wir können zu mir, eine DVD gucken«, schlug ich mit einem Lächeln vor.

Sarah war sofort Feuer und Flamme, dabei hatte ich noch nicht mal einen DVD-Player. Aber das war plötzlich nicht mehr wichtig. Auf dem Weg zu mir kauften wir zwei Flaschen Sekt. Bei mir angekommen: Flasche auf, erster Schluck getrunken, und nun sollte die Party steigen. Wir rissen uns nach nicht einmal fünf Minuten gegenseitig die Klamotten vom Leib.

Kennt ihr den Film ›Nur noch 60 Sekunden‹? Ich war Nicolas Cage und in 60 Sekunden fertig.

Oh Gott, bis dahin mein erster Schnellschuss im Leben.

Fuck, ich dachte mir: ›Blamiert.‹

Sarah fand es nicht schlimm. Sie ergriff die Initiative in alter Mister-Miyagi-Manier: auftragen, polieren, durch die Nase einatmen, durch den Mund ausatmen.

Ich hatte die Nacht meines Lebens – bis dahin. Diese Frau war so heiß, einfach nur die Obergranate. Wir hatten wahnsinnig viel Spaß. Es sollte aber, wie geplant, nur bei der einen Nacht bleiben. Fand ich nicht schlimm, schließlich wollte ich es so. Sie war einfach eine geile Frau, die man nur fürs Bett wollte. Dann gibt es noch hübsche Frauen, mit denen könnte man sich was Ernsteres vorstellen. Das ist für mich der Unterschied zwischen geil und hübsch. Was meines Erachtens an Frauen wichtig ist: Sie sollten treu sein. Man sollte sich auf sie verlassen können, und sie sollten stets hinter einem stehen. Ein Gefühl von Geborgenheit wäre toll, dabei sollte man in allen Belangen mit einer Partnerin ein Team bilden. Natürlich hätte ich auch nichts dagegen, wenn sie den Haushalt schmeißt.

Wie auch immer, am nächsten Morgen verabschiedeten wir uns voneinander. Völlig ausgepowert musste ich gegen Mittag zum Set und Drehen. Das war gar nicht so einfach.

Kapitel 12

Ab nach Malle

Kurze Zeit später, nachdem ich mich mit Sarah schon länger nicht mehr getroffen hatte, lernte ich Janine kennen, die meine feste Freundin werden sollte. Durch Janine wurde ich ruhiger und besuchte nicht mehr so viele Partys. Allerdings hatte sich mein Körper so an den Alkohol gewöhnt, dass ich an den Wochenenden trotzdem trank.

Mein anschließender Weg in die Schlagerkarriere und die Entwicklung für meine Figur ›Ole‹ war sehr steinig und mit allen Höhen und Tiefen verbunden, die man hätte haben können.

Wenn ich das Gefühl hatte, dass es ein Stückchen bergauf ging, fiel die Figur um das Doppelte ab. Vorkommnisse in der Serie hielten in mein Leben Einzug. Beispielsweise unternahm ich als ›Ole‹ einen letzten Versuch und zog mich am Alexanderplatz mit meiner Telefonnummer auf dem Bauch geschrieben aus. Warum Ole das tun sollte? Er hatte die Hoffnung, dass ein Songwriter darauf aufmerksam werden würde. Ich sage euch, wir drehten es im Februar 2011, und es war arschkalt.

Ich hatte die hautfarbene Unterwäsche unserer Damen an – sogar mit einem Glitzersteinchen vorne dran. Meine Beine sahen aus wie Presswurst. Es waren plötzlich eine Menge Leute auf dem Alexanderplatz. War mir aber scheißegal, da ich wusste, wohin das alles führen sollte: zu meinem ersten eigenen Song. Ich rannte los, wie von der Tarantel gestochen, und machte mich zum Deppen von Berlin. Aber die Leute am Alexanderplatz feierten es.

Mein damaliger Manager war auch dabei und meinte danach: »Du hast echt Eier.«

Ich antwortete: »Ja, die habe ich.«

Dieser Tag blieb mir sehr stark in Erinnerung.

Ein paar Wochen später musste ich ins Tonstudio, und wir nahmen den Song auf. Mit dabei waren mein Manager, der Songwriter und der Musikproduzent. Dass ich kein guter Sänger bin, wussten wir alle. Als ich das erste Mal loslegte, war es grauenhaft. Nach einer Weile fragte ich bei den Aufnahmen, ob jemand eine Sonnenbrille dabei hätte. Als ich sie bekam, wurde mein Gesang zwar nicht wirklich besser, aber ich fühlte mich deutlich freier. Von da an war die Sonnenbrille bei meinen Auftritten ein Muss.

Nun hieß es zwei Monate warten, bis der Song veröffentlicht werden sollte. Da ich eine Datei von dem Lied auf meinem Handy hatte, hörte ich es rauf und runter. Tag für Tag und bis in die Nacht hinein. So studierte ich den Song ein und überlegte mir eine Choreografie.

Als der Song im Juni 2012 rauskam, sprengte das Ding erst mal iTunes und landete in der Chartplatzierung ganz weit vorne. Im Genre ›Schlager‹ belegte er sogar Platz 1.

Gratulationen kamen dafür von allen Seiten, und in mir brach ein Gefühl des Erfolgs aus. Ein Gefühl von Unbesiegbarkeit. Dieses war so einzigartig, dass ich es immer und immer wieder wollte.

Von da an wurde ich erfolgsgierig. Mallorca sollte nun mein nächstes Ziel sein.

In dieser Zeit ereignete sich jedoch etwas, was mir zu denken gab. Ein Darstellerkollege wurde dabei gefilmt, wie er eine Frau attackiert hatte. Daraufhin wurde er gekündigt. Dabei wurde uns nahegebracht, dass wir darauf achten sollten, wie wir uns in der Öffentlichkeit verhielten. Wir waren nun Personen des öffentlichen Lebens. Das veränderte mich.

Heutzutage ist es so, dass ich einen Raum nach Kameras absuche, wenn ich in der Öffentlichkeit unterwegs bin. So bin ich beruhigter, wenn ich nach meinem Rundumblick keine entdeckt habe. Damals war ich teilweise richtig paranoid gewesen. Sobald ein Handy auf mich gerichtet war, stellte ich mir immer die Frage, ob ich gerade gefilmt wurde. Manchmal sprach ich sogar Personen direkt darauf an. Teilweise kannten mich die Leute gar nicht, und ich eckte mit meinem Verhalten mächtig an. Leider konnte ich diese Angst bis heute nicht abstellen.

Kurz nach der Kündigung des Kollegen sollte ich nach Mallorca fliegen. Wir drehten dort für eine Woche. Mein Auftritt sollte am zweiten Drehtag stattfinden. Bis dahin war ich allerdings unerträglich.

Ich stand tierisch unter Strom, war gereizt, empfindlich, und man konnte mir nix recht machen. Dabei machte ich mir selbst am meisten Druck.

Es sollte mein erster Auftritt auf Mallorca und dann auch im ›Riu Palace‹. Ich war als Überraschungsgast geplant, und der eigentliche Hauptact war Mickie Krause. Der Laden war gerammelt voll.

Eine halbe Stunde vor meinem Auftritt wurde ich käseweiß, die Knie wurden weich, und ich ging in 30 Minuten bestimmt 20 Mal zur Toilette. Pipi ohne Ende. Ich hatte das Gefühl, ich kippe gleich um. Eigentlich wollte ich nur noch weg, aber es ging nicht. Das war eine Situation, die mich höllisch unter Druck setzte, und es gab keinen Ausweg. Ich musste an diesem Abend auf die Bühne – komme, was wolle.

Also kündigte Mickie mich bald an. Meine Beine waren so zittrig und instabil. Ich hatte die Kontrolle über meinen Körper komplett verloren. Während des Auftritts wollte ich nur, dass es endlich vorbei war, obwohl ich damals sogar Vollplayback gemacht hatte.

Kurz vor Ende des Liedes passierte Folgendes: Meine Stimme war über die Lautsprecher zu hören, und ich Idiot halte fünf Sekunden vor Ende das Mikro ins Publikum. Voll verkackt. Ich wollte nur noch weg. Ich war so mit diesem Fehler beschäftigt, dass ich gar nicht realisierte, dass der Song funktioniert hatte. Stattdessen blieb mir im Kopf, dass ein Zuschauer aus dem Publikum nach dem Auftritt ankam und mir sagte, mein Auftritt sei scheiße gewesen. In diesem Moment begannen meine Zweifel, ob das ganze Schlagerding wirklich der richtige Weg war. Und das nur, weil ein Idiot mich mit seiner Aussage total verletzt hatte.

Am selben Abend sagte das Fernsehteam zu mir, dass mein Auftritt wirklich gut war, und meine Laune wurde immer besser und besser. Also entschuldigte mich bei allen, weil mein Verhalten unter dem Gefühl des Drucks sicher hier und da fehl am Platz war. Ich bedankte mich, dass sie mir so viel Mut zusprachen. Zudem gab es eine Runde Getränke auf meine Kosten. Die restlichen Drehtage waren von nun völlig entspannt.

Zu diesem Zeitpunkt fand die Fußball-Europameisterschaft statt. Ich schaute in einer Gruppe Deutschland gegen Holland im Megapark. Ich kannte davon nur Fabrizio. Es gab einen Bereich für bestimmte Leute auf einem Balkon. Von dort aus konnten wir auf die anderen herunterschauen. Als die Leute uns von unten entdeckten, schauten sie nach oben und feierten uns. Fabrizio stand auf dem Balkon wie der Papst.

Die Leute waren so sehr begeistert von uns, dass es mich total gerührt hatte.

Ich wollte in diesem Moment runter, um ihnen etwas wiederzugeben, denn das, was sie mir gaben, war viel mehr, als ich ihnen jemals hätte zurückgeben können. Sie gaben mir das Gefühl, beliebt zu sein.

Ich fühlte mich immer zu diesen Menschen hingezogen und wollte für sie da sein, aber leider wurde es uns verboten. Deutschland gewann 2:1, und direkt nach dem Spiel mussten wir wieder abhauen.

Als ich nach dieser Woche auf Mallorca in Berlin ankam, war ich völlig platt. Nachdem es mit den Dreharbeiten in Berlin weiterging, hatte ich des Öfteren Szenen, in denen ich auf einer Bühne auftrat. Dadurch wurde ich ein wenig sicherer, was die Performance anging. Ansonsten gab es nix Spannendes am Set. Es war Alltag geworden oder anders gesagt: Routine. Sobald etwas Routine wird, ist die Motivation geringer. Ich behaupte jetzt mal, leider ist das in jedem Job so.

Irgendwann bekam ich die Information, dass ich bei einer Fernsehshow auf Mallorca auftreten sollte. Es waren die ›Ballermannhits 2012‹. Als ich bei den Proben ankam, ging alles ganz fix. Es waren wieder einige feierwütige Leute da. Nervosität ohne Ende.

Gerade angekommen, fragte ich einen Mitarbeiter: »Wann bin ich denn dran?«

Er sagte: »Jetzt.«
Er drückte mir ein Mikro in die Hand, schob mich, ohne einen Ton zu sagen, direkt auf die Bühne, und der Song begann.

Das Publikum sang mit, aber ich verlor wieder die Kontrolle über meinen Körper und hatte zittrige Beine und Hände.

Als es vorbei war, fiel mir ein Stein vom Herzen. Ich konnte wieder zurück ins Hotel und sollte ein Interview geben. Dieses sollte für ein Format auf RTL2 geführt werden. Als ich im Hotelzimmer ankam, setzte ich mich auf einen Sessel, und mir wurden Fragen bezüglich meiner Figur ›Ole ohne Kohle‹ gestellt. Die Kamera lief die ganze Zeit. Am Ende wurde das Interview nicht einmal benutzt. Wieso, weiß ich bis heute nicht. Nach dem Interview fragte ich, wie es war.
Man sagte mir: »Ein wenig arrogant.«
Scheiße, hatte ich mich so zu meinem Nachteil verändert, ohne es zu merken? Selbstverständlich veränderte man sich im Laufe der Ereignisse. Es war ein schleichender Prozess, aber arrogant war ich doch nie.
Nun ging es wieder ins Hotel, und wir warteten, bis wir zur Show abgeholt wurden. Mit dabei mein Manager und ich.

Im Megapark angekommen, schrien die Leute meinen Figurennamen. »Ole ohne Kohle! Ole ohne Kohle!«

Der Laden war brechend voll. Sogar mehr Menschen als damals im ›Riu Palace‹. Mir ging der Arsch so was von auf Grundeis. Ich unterhielt mich mit anderen Künstlern und erzählte, wie nervös ich war.

Mein Manager sagte zu mir: »Kannst du das mal lassen, den Leuten zu sagen, wie nervös du bist?«

Ich: »Warum?«

»Weil das unprofessionell ist«, behauptete er.

»Ich sage das, was ich denke«, konterte ich, womit das Gespräch beendet war.

Nun ging es zur Bühne. Ein Künstler stand da. Richtig cool und lässig, weit bekannter als ich – zumindest dachte ich das. Irgendwie interessierte sich aber keiner für ihn. Als ich kam, wurde es richtig laut in dem Komplex. Der Laden tobte. Es war so laut, dass man dachte, dass einem gleich das Trommelfell platzte.

Nun ging es auf die Bühne. Bei mir die totale Nervosität. Schließlich wollte ich keinen im Publikum enttäuschen. Ich gab alles – und die Leute ebenfalls. Das Adrenalin schoss mir nur so durch den Körper. Ich entwickelte eine Power und fühlte mich wie Supermann!

Ein junger Mann fiel mir auf. Er zeigte mir seine Mittelfinger. Mir war es egal, schließlich waren noch viele andere da, die feiern wollten. Also Vollgas! Am Ende des Songs ließ ich mich wie ein Rockstar auf die Knie fallen. Verteilte Luftküsschen und warf meinen Hut ins Publikum. Nun wollte ich von der Bühne runter, doch der ganze Laden fing auf einmal an, nach einer Zugabe zu rufen.

Bis zu diesem Zeitpunkt war es das Schönste und Tollste, das ich je erlebt hatte.

Ohne weitere Absprache wurde mein Song noch einmal angespielt. Natürlich verkackte ich den Einsatz – aber halb so wild. Das Publikum ging steil. Als ich von der Bühne runterging, fühlte ich mich unbesiegbar. Gott sei Dank hatte mein Manager diesen Moment aufgenommen.

Bis heute denke ich an diesen Abend gerne zurück und schaue mir das Video an. Auch als am Ende der Show die Künstler alle noch einmal auf die Bühne sollten. Mickie Krause bekam sogar einen Preis für den Sommersong des Jahres. Mein Song wurde nicht nominiert, wäre er nominiert gewesen, wäre dieser möglicherweise der Mallehit 2012 geworden, denn während Mickie Krause den Preis entgegennahm, schrie der ganze Saal im Rhythmus: »Ole ohne Kohle! Ole ohne Kohle!«

Das Ganze ging ein paar Minuten lang.

Danke für das tolle Publikum! Dank euch werde ich dieses Ereignis niemals vergessen.

Am Ende machte ich mit einigen Fans Fotos, und am nächsten Tag ging es wieder zurück nach Berlin. Der Alltag rief.

Kapitel 13

Filmfestspiele

Mobbing, Ruhm und treue Hunde

Danke Amy!

Ich soff, um einigermaßen die Blamage zu verdrängen.

Kurze Zeit später fuhr ich wieder nach Lüdenscheid, weil ich Urlaub hatte. Im Grunde lief alles so ab wie bei meinem ersten Besuch. Wenn ich das alles jetzt schreiben würde, wäre es eine identische Wiederholung. Nur eines war anders: Sobald mich irgendwelche Menschengruppen sahen, wollten diese nicht nur ein Bild, sondern sie sangen meinen Song ›Ich bin kein Model und kein Superstar‹.

Das gab mir noch mehr den Kick, und ich fühlte mich immer gehypter - wollte noch mehr Erfolg.

Ein paar Tage später ging es wieder zurück nach Berlin. Da bekam ich eine SMS von meinem ehemaligen Bezirksdirektor. Er war ziemlich enttäuscht, weil ich ihm nicht Bescheid gegeben hatte, dass ich in Lüdenscheid war, denn er warte schon solange auf die Autogrammkarten, die er damals von mir zugesagt bekommen hatte. Die sollte er nun schnellstmöglich bekommen, und natürlich bedankte er sich höflichst und war froh, seinen Kindern eine Freude machen zu können.

Die Filmfestspiele in Cannes standen bevor. Dort sollte ich auftauchen, damit die Produktionsfirma potenziellen Käufern des Formats zeigen konnte, was alles mit dem Format möglich war. Also war ich demnach an dem Abend ein Teil des Produkts.

Ich war richtig aufgeregt. Das erste Mal in Frankreich. Als ich am Ziel ankam, waren alle zum Essen verabredet. Vor Ort war Valentino, der Pressesprecher und gleichzeitig der Verkäufer des Formats. Herr Falkenstein war ebenfalls anwesend und zahlreiche Personen, die mir unbekannt waren. Nach dem Essen kam Herr Falkenstein auf mich zu. Erst jetzt erfuhr ich, dass er ein mächtiger Mann im Business mit sehr viel Einfluss war.

Er fragte mich: »Was hast du eigentlich gelernt?«

»Werkzeugmechaniker und Versicherungsfachmann«, antwortete ich, »habe aber leider nur die Theorie bestanden. Ich hab jedoch noch ein halbes Jahr Zeit, die Praxis zu machen. Wahrscheinlich werde ich es noch mal probieren.«

Er meinte: »Okay, sag mir Bescheid! Ich besorge dir einen Coach.«

Eigentlich hatte ich es nur behauptet, um gut dazustehen. Schließlich war er ein hohes Tier. Ich wollte ihn im Prinzip nur beeindrucken.

Die Firma hatte während der Filmfestspiele eine Location angemietet. Angeblich sollten Sound und Bühne top sein. Waren sie aber nicht. Nur eine Box stand recht verloren herum, und der angebliche Soundtechniker war so was von schlecht. Na ja, das Publikum bestand aus Geschäftsleuten, und lediglich ein Einziger machte mit bei meinem Auftritt. Ich kam mir richtig dämlich vor. Wie eine Figur, die nur zur Belustigung dienen sollte, nichts weiter.

Herr Falkenstein kam im Anschluss zu mir und sagte kurz und knapp: »Mutig, auf jeden Fall mutig.«

Bis heute weiß ich nicht, was ich da sollte. Was ich nach dem Auftritt tat? Richtig!

Ich soff, um einigermaßen die Blamage zu verdrängen.

Einige Sachen nahm ich aber mit: Die Möglichkeit, von der Firma einen bezahlten Coach zu bekommen, falls es einen zweiten Versuch für die Versicherungsfachmannpraxisprüfung geben sollte. Und Valentino sagte mir, dass wir 2013 noch einen weiteren Song machen würden. Darüber freute ich mich natürlich und bekam das Grinsen nicht mehr aus dem Gesicht.

Als ich zurück in Berlin war, erkundigte ich mich, wo man das Seminar für die Prüfung machen konnte. Schnell wurde ich fündig und meldete mich an. Neben meiner Tätigkeit als Darsteller besuchte ich vier Wochenenden hintereinander die Weiterbildungsseminare auf eigene Kosten plus einen Sonntag, den die Fernsehfirma bezahlte, die sogar den Coach dafür organisierte. Sogar mit meinem ehemaligen Bezirksdirektor telefonierte ich, und er ließ mir netterweise Sachen für die Prüfung zukommen.

Das war das beste Zeichen, dass wir wieder gut miteinander waren. Manchmal sind es eben nur kleine Gesten, die die Menschen wieder zusammenführen.

Der Tag der Prüfung war der 23. November 2012. Ich ging natürlich im Anzug auf das Gelände, vorbei an einigen Räumen, in denen irgendwelche Leute saßen. Sie schauten ziemlich verdutzt, als sie mich sahen. Aus der Erfahrung heraus wusste ich, dass sie mich erkannt hatten. Ich fühlte mich nun super, trotz Prüfungsangst.

Ab in den Prüfungsraum. Ich war der Erste, hatte aber dennoch Schiss. Es befanden sich drei Prüfer in dem Raum, zwei Männer und eine Frau. Ich fühlte mich irgendwie total willkommen bei ihnen. Sie schienen auch etwas älter zu sein, und ich merkte, dass sie auf eine bestimmte Art total sozial eingestellt waren. Meine Nervosität war allerdings kaum abzustellen. Diese hatte ich die ganze Zeit während der Prüfung. Meine Stimme war zittrig.

Was war da los? Jeden Tag machte ich Rollenspiele auf der Arbeit, und jetzt sollte ich erneut scheitern? Nach ein paar Minuten kam der erste Rechenfehler. Kurz danach der zweite. Der Prüfer, mit dem ich das Rollenspiel machte, versuchte mich einzufangen, um mir den richtigen Weg zu weisen. Er hatte mir nicht direkt geholfen, aber mit seiner Art nahm er mir ein Stück weit die Nervosität. Meine Rechenfehler bügelte ich aus. Dann waren die 20 Minuten auch schon wieder vorbei.

Ganz trocken wurde mir mitgeteilt, dass ich draußen warten sollte. Ein wirklich schlimmes und ungewisses Gefühl. Ich bangte und kaute mir die Fingernägel ab. Es dauerte für mich eine Ewigkeit, bis ich endlich wieder reingebeten wurde.

Dann das Ergebnis: »Glückwunsch, Herr Ochsenknecht, Sie haben bestanden.« Ein Prüfer drückte mir dabei die Urkunde in die Hand.

Ich konnte mein Glück kaum fassen. Meine zweite abgeschlossene Berufsausbildung. Den ganzen Tag lächelte ich und war richtig stolz, diese Urkunde in der Hand halten zu dürfen. Ich rief jeden an. Jeden, der mir nahe stand, und war euphorisiert. Besser hätte alles nicht laufen können.

Liebe Leute, auch wer es nicht glaubt, harte Arbeit macht sich am Ende bezahlt. Wenn ihr Ziele im Leben habt und ihr alles dafür tut, diese zu erreichen, dann wird es meistens klappen. Ich sage euch, der Weg ist unwichtig. Der Fokus sollte auf eurem Ziel liegen.

Es schien so, als sei ich am Höhepunkt meiner Karriere angekommen, aber die Leiter ging erst mal noch weiter nach oben …

Kapitel 14

Fernsehshow

Mobbing, Ruhm und treue Hunde

Danke Amy!

Luca konnte es gar nicht fassen, dass ich mit ihm an einem Tisch saß. Umgekehrt war es genauso.

Eines Tages bekam ich einen Anruf. Ich sollte bei einer Fernsehshow mitwirken. Mit von der Partie waren Oliver Pocher und Collien Ulmen-Fernandes. Wow, die ersten Promis sollte ich also kennenlernen, die noch mal weit bekannter waren als ich selbst. Mein Manager war auch dabei, und gleichzeitig war er eine psychologische Unterstützung.

Wir flogen morgens los, und ich hatte keine Ahnung, was mich dort erwarten sollte. Ich freute mich aber tierisch. Am Flughafen wurden wir von einem Shuttleservice abgeholt. Ich kam mir vor, als wäre ich eine sehr wichtige Person. Wir checkten kurz im Hotel ein, und dann ging es auch schon los zur Showprobe.

Eine Showprobe war unumgänglich, da Abläufe überprüft werden mussten, ob das Kostüm ins Licht passte, der Zeitplan stimmig war, ob die Personen vor der Kamera harmonisierten, und es musste abgesprochen werden, wo jeder seine genauen Positionen während der Show hatte. Als Erstes fiel mir Oliver Pocher auf. Mein Gott, ist der Kerl klein. Collin Fernandes stand direkt neben ihm und wirkte extrem sexy. Nachdem wir drei verkabelt waren, sollte es losgehen.

Sobald die Probe startete, begann Oliver Pocher, seine Witze zu machen. Allerdings auf meine Kosten. An das sogenannte Skript hielt er sich gar nicht.

Stattdessen ließ er bezüglich meiner Person einen dummen Spruch nach dem andern ab.

›Was ein Arsch!‹, dachte ich.

Ich weiß nicht mehr genau, was er im Einzelnen alles gesagt hatte, aber ich lachte, spielte mit. Ein mir unbekannter Mann, vermutlich der Produktionsleiter, lachte die ganze Zeit über diese Witze, sodass er Oliver Pocher noch mehr anstachelte. Was ich tat? Ich lachte weiter gespielt mit. So ging das die ganze Probe. Ich wollte nur noch da raus.

Irgendwann war die Probe vorbei, und die ganze Freude, die ich auf dem Hinweg zur Show gespürt hatte, war wie weggeblasen. Von da an hatte ich Bammel vor der Show. Wenn er das da genauso machen würde, wäre ich der absolute Volldepp.

Nach der Probe wurde erst mal etwas gegessen. Während mein Manager Max und ich uns einen Platz suchten, kam auf einmal ein kleiner Schweizer an und wollte ein Bild mit mir machen. Sein Name: Luca Hänni. Er war damals der amtierende DSDS-Gewinner. Wir kamen direkt ins Gespräch und verstanden uns super. Daraufhin setzen wir uns zu seinem Bruder und seinem Manager und hielten einfach einen kleinen Small-Talk.

Luca konnte es gar nicht fassen, dass ich mit ihm an einem Tisch saß. Umgekehrt war es genauso.

Es war eigenartig, denn wir kannten uns schließlich nur aus dem Fernsehen. Es ging sogar so weit, dass wir unsere Nummern austauschen, um uns mal wiederzusehen. Es war schon krass. Sobald man im TV war, bewegte man sich auf einmal in ganz anderen Kreisen.

Bald würde dann auch die eigentliche Show beginnen. Viele Teenies sollten uns erwarten und Kinder, die mit ihren Eltern da waren. Diesmal hatte ich nicht nur meine Nervosität als Problem, nein, mich plagte immer noch das Verhalten von Oliver Pocher bei der Probe. Es hieß Augen zu und durch.

Kurz bevor die Show anfing, ging ich zu Collin und Oliver Pocher und sagte: »Auf eine gute Zusammenarbeit« und schüttelte beiden die Hand. Beide erwiderten es.

Die Show ging los. Die kreischenden Teenies und Kinder im Saal waren plötzlich extrem laut. Wie ausgewechselt verhielt sich im Anschluss Oliver. Er machte keine Witze mehr und fing an, sich richtig professionell zu verhalten. Wenn dieser Mann eines kann, dann ist es, zu unterhalten.

Es war so weit, ich sollte das erste Mal auf die Bühne kommen. Collin kündigte mich an. Ich war wieder mal nervös wie sonst was. Als ich die Bühne betrat, wurde es wieder richtig laut im Saal. Die Leute freuten sich, mich zu sehen, und sie nahmen mir die Nervosität und die Angst. Oliver und Collin führten ein kleines Interview mit mir, und überraschenderweise war Oliver total nett und ließ mich in keinster Art und Weise auf der Bühne doof aussehen.

Nach ein paar Minuten ging es erst mal wieder in den Backstagebereich. Es hieß abzuwarten, bis der nächste Einsatz kommen sollte. Eine Show hat einen genauen Ablauf, an dem man sich halten muss. Man konnte am Ablaufplan immer genau sehen, wann man wieder dran war.

Collin hatte eine Moderation verkackt. Was dann geschah? Es wurde noch mal neu gedreht. So einfach ging das. Insgesamt war ich fünf bis sechs Mal auf der Bühne – immer wieder für irgendwelche Kurzeinsätze. Am Ende der Show sollte ich meinen Song performen. Natürlich ging ich erneut in der letzten halben Stunde vorm Auftritt gefühlte 20 Mal pinkeln. Als ich die Bühne betrat, wurde es laut. Mein Mikro war allerdings noch nicht an. Um die Zeit zu überbrücken, bewegte ich meine Hände im Bogen von unten nach oben. Ich wollte den Leuten damit mitteilen, dass sie bitte richtig mitmachen sollten. Die Leute interpretierten es jedoch anders.

Sie standen alle auf. Das war eigentlich nicht mein Plan. Kein Zuschauer saß mehr. Zufälligerweise passte es zu meinem Auftritt.

Nun ging es los. Alle Leute sangen mit, sie klatschten und feierten ›Ich bin kein Model und kein Superstar‹. Während des Songs sollte ich durchs Publikum gehen, was ich total bescheuert fand, weil spätestens jetzt jeder Zuschauer merkte, dass das Lied im Vollplayback gespielt wurde. Dabei kam ich mir richtig doof vor. Alles verlief trotzdem super.

Oliver sagte nach der Show noch zu mir: »Wenn du das nächste Mal Vollplayback machst, dann sing trotzdem drüber. Das Mikro ist aus, es wird niemand hören, und gleichzeitig wirkt es authentischer.«

Ich lächelte und bedankte mich für diesen Tipp. Wir tranken sogar noch etwas zusammen. Das war der Zeitpunkt, an dem Oliver und ich cool miteinander wurden. Sogar als wir uns mal wieder trafen, gingen wir immer freundlich und respektvoll miteinander um. Die After-Show-Party an sich war okay, aber nicht so toll, dass man da Stunden hätte bleiben müssen. Zum einen kannte ich da fast keinen, und zum anderen sollte ich am nächsten Tag früh losfliegen. Schließlich musste ich in Berlin drehen. Es stand etwas bevor: der Fall meiner Figur als Schlagersänger.

Kapitel 15

Begegnung mit Amy

Mobbing, Ruhm und treue Hunde

Danke Amy!

Die erste kleine Niederlage sollte es nun auch geben. Bevor die ganze Schlagersache in Gang kam, sagte man mir im Vorfeld, dass wir mich in der Serie nicht auf Dauer erfolgreich erzählen könnten, denn irgendwann brauchte meine Rolle auch mal wieder einen Absturz. Das war von vornerein die Abmachung. ›Ole ohne Kohle‹ hatte seine Karriere verloren, weil er bei einer Veranstaltung einen Fan schlug, was in der Story dann so ausgelegt wurde, dass die Presse die ganze Schuld auf meine Rolle schob. So war dann leider erst mal die Karriere vorbei, denn wenn meine Figur aus der Serie nicht auftreten sollte, konnte ich das auch nicht mehr. Jedoch hatte ich noch eine Idee, wie es eventuell später einmal weitergehen sollte.

Natürlich war ich anfangs traurig, schließlich war die Schlagersache einer meiner Träume. Da ich aber von vorneherein wusste, worauf ich mich einließ, konnte ich es akzeptieren und machte meinen Job natürlich professionell weiter.

Im Laufe der Zeit, als ich weiterhin mit Janine zusammen war, geschah Folgendes: Ich klingelte an einer Tür und mir wurde geöffnet. Als ich die Treppe hochging, hörte ich ein Bellen, und dieses wurde immer lauter, umso näher ich der Wohnungstür kam. Frank, der Vater meiner Freundin, öffnete mir die Tür. Anstatt ihm vernünftig »Hallo« zu sagen, war ich allerdings auf eine andere Sache fixiert: Im Hintergrund war ein Tier.

Man möge es sich folgendermaßen vorstellen, diese Begegnung. Es war ein Kampfkoloss. Das Tier bellte, riss die Augen weit auf. Der Sabber tropfte aus dem Maul wie das Wasser in einer Tropfsteinhöhle. Das Tier hatte Zähne wie ein Löwe, einen Schädel wie ein Löwe und fast sogar die Farbe eines Löwen. Es war aber kein Löwe. Es war ein Hund. Eine riesige Bordeauxdogge. Ihr Name war Amy.

Ich wollte nur schnell raus aus dieser Wohnung und weg von diesem Tier. Hätte mir jemand zu diesem Zeitpunkt gesagt, dass Amy mal meine beste Freundin werden würde und gleichzeitig eine Schlüsselrolle in meinem Leben spielen könnte, denjenigen hätte ich für verrückt erklärt.

Heute weiß ich, es hat damals schon jemand gewusst, dass das Tier eigentlich zu mir gehörte: Es war Amy selbst!

Im April 2013 war ich mit meiner Freundin Janine auf einer Familienfeier. Ihre Tante hatte Geburtstag. Es war ein fröhliches Fest mit Pool, Garten und ganz viel Grillfleisch. Alle verstanden sich toll, und es floss auch ein wenig Alkohol. Lediglich ich selbst trank nichts, da ich fahren musste. Frank war auch da und erzählte, dass er aus gesundheitlichen Gründen einen seiner Hunde abgeben musste. Er schaffte es wohl nicht mehr alleine, sie zu betreuen. Janine war total traurig und wollte das nicht. Sie flehte mich an, dass wir Amy nehmen sollten. Ich hatte gar keinen Bock darauf.

Ich blockte ab, bis mir Janine solange auf die Eier ging und ich widerwillig sagte: »Okay, pass auf, ich frage den Vermieter, ob es okay für ihn ist.«

Janine war glücklich, und ich hatte meine Ruhe. Innerlich hatte ich natürlich darauf gehofft, dass der Vermieter »Nein« sagen würde. Also schickten wir ihm ein Schreiben und bekamen schnell eine Antwort. Er schrieb blöderweise, er wäre damit einverstanden. Tja, nun kam ich aus der Nummer nicht mehr raus.

Was Amy für mich bedeuten würde, konnte ich damals noch nicht ahnen. Sie wurde der Schlüssel für alles! Während ich diese Zeilen schreibe, kommen mir bereits die Tränen. Ich gab Amy sogar einmal ein Versprechen, aber dazu später mehr …

Kapitel 16

Ein Hund fürs Herz

Mobbing, Ruhm und treue Hunde

Danke Amy!

Ich hatte mich sozusagen in Amy verliebt.

An einem Freitagabend im Juni 2013 nach Drehschluss war es dann soweit. Amy, die Bordeauxdogge, trat in mein Leben. Ich hatte zu diesem Zeitpunkt gar keinen Bock auf sie. Sie kam immer wieder zu mir, wollte meine Aufmerksamkeit, aber ich beachtete sie gar nicht. Das Erste, was sie damals tat: Sie sabberte mir die ganze Bude voll, mich inbegriffen. Sie sabberte nicht nur, sondern haarte auch noch alles voll. Ich erinnere mich noch genau an diesen Abend. Um mich ein wenig von der neuen Situation abzulenken, daddelte ich eine Runde FIFA auf der Playstation. Janine saß links neben mir, und links von ihr saß Amy und hechelte die ganze Zeit – genauso wie bei meiner allerersten Begegnung mit ihr. Irgendwann hatte ich einen richtig abartigen Geruch in der Nase.

Ich dachte mir nur: ›Was stinkt denn da so bestialisch?‹

Janine wollte mich ärgern und wedelte Amys Mundgeruch zu mir hinüber. Boah, war das widerlich, und ich hatte jetzt noch weniger Bock auf Amy. Ich ergriff die Flucht zum Spätkiosk und holte Futter für den Hund. Essen musste sie ja schließlich irgendwas. Danach zockte ich weiter Playstation und schenkte niemandem Beachtung und wollte für mich alleine sein. Irgendwann legte ich mich zu Janine ins Bett. Amy war ebenfalls im Schlafzimmer.

Nachts fing Amy an, wild zu hecheln. Janine und ich wurden wach, und sie meinte: »Amy muss noch mal raus. Die wird noch mal kacken müssen.«

Ich so: »Ja, dann viel Spaß! Du weißt ja, wo die Tür ist. Du wolltest den Hund, dann kümmere dich auch darum.«

Natürlich ließ ich mich belabern und machte mich fertig, um mit Amy rausgehen. Doch leider zu spät, denn während ich die Leine suchte, entleerte sich Amy. Wäre es jetzt ein Haufen gewesen, wäre es ja noch okay gewesen, aber, nein, es war eine riesige, wässrige Dünnschisspfütze. Na toll, nachts noch den Flur putzen, weil das Vieh nicht einfach mal kurz warten konnte.

Das tat ich dann. Nachdem ich fertig war, ging ich schließlich mit ihr raus, weil Bock auf eine zugepisste Wohnung hatte ich auch nicht. Ich wollte, das Gassigehen nur schnell hinter mich bringen. Endlich geschafft, und nun ging es wieder ab ins Bett.

Am nächsten Morgen sollte ich wieder mit ihr gehen. Diesmal ließ ich das nicht mit mir machen. Janine sollte gefälligst ihren Arsch selbst bewegen, was sie dann auch tat. Natürlich zockte ich den ganzen Tag wieder mit der Playstation. Ich wollte einfach meine Ruhe haben. Amy kam jedes Mal angeschissen und sabberte mich voll. Grauenhaft! Einmal sprang sie ohne meine Erlaubnis auf die Couch. Ich schimpfte sogleich mit ihr und schickte sie weg. Sie kam immer und immer wieder an, aber ich blockte ab.

Abends ergriff ich die Flucht und zog um die Häuser. Das war mein Ausweg. Ich soff mir einen an. Kurz nachdem ich ins Bett fiel, dasselbe Spielchen wie in der Vornacht. Amy hechelte wie verrückt, aber diesmal diskutierte ich nicht und ging schnell mit dem Hund raus, bevor sie mir wieder in die Bude schiss. Diesmal hatte alles geklappt. Am Folgetag hatte ich so einen heftigen Kater, sodass ich den ganzen Tag mit dem Arsch im Bett blieb. Ruhe, ah, war das schön!

Am Montag früh ging der Stress wieder los. Ich durfte natürlich wieder mal Gassi gehen! Na toll! Janine arbeitete weiter weg von zu Hause, sodass sie den ganzen Tag unterwegs war. Also musste ich die Hundebetreuung übernehmen. Dabei war das mit Amy nicht mal meine Idee, und jetzt war ich fast die ganze Zeit derjenige, der darunter zu leiden hatte. Was für eine Sauerei!

Ich musste dann auch los, und als ich abends nach Hause kam, war niemand außer Amy da. Sie kam wie wild angerannt. Kennt ihr Familie Feuerstein? Am Anfang kommt Fred nach Hause, und Dino freut sich, will nur zu Fred und springt ihn volle Kanne an. Genauso war es auch bei Amy. Wie von der Tarantel gestochen rannte dieses Monstrum auf mich zu und sprang mich an. Schon wieder war ich vollkommen genervt. Also ging wieder ich mit Amy Gassi und gab ihr danach Futter. Als ich das gemacht hatte, hockte ich mich wieder vor die Playstation, und Amy belegte ihren Platz.

Zwischendurch bekam ich natürlich Hunger und ging zum Kühlschrank. Und wer rannte mir hinterher und hockte sich auf einmal vor mich? Richtig, Amy! Sie saß mit ihren angespitzten Ohren da und mit ihren geweiteten, großen Augen. Ihr Mund war zu, aber trotzdem sah man ein bisschen von ihrem unteren Zahnfleisch.

Sie guckte mich an, guckte zum Essen, guckte mich wieder an und wieder zum Essen. Das war das Süßeste, was ich jemals in meinem ganzen Leben sah, und das war gleichzeitig der Moment, in dem es um mich geschehen war. Das war so was von süß. Das war der Moment der Momente!

Ich hatte mich sozusagen in Amy verliebt.

Von da an sah ich Amy mit ganz anderen Augen. Ich gab ihr sogar was von meinem Essen ab. Ich konnte bei diesem Anblick nicht stark sein und auch nicht widerstehen. Das war der

Abend, an dem ich Amy in mein Herz schloss. Manchmal gibt es für den ersten Eindruck doch eine zweite Chance.

Kapitel 17

Schöne Zeit mit Amy

Mobbing, Ruhm und treue Hunde

Danke Amy!

Wenn man in der Medienbranche tätig ist, weiß man nie, wer es mit einem ehrlich meint.

Da es Amy bei uns immer gut gehen sollte, ging ich zunächst mit ihr zum Tierarzt, um einen Komplettcheck machen zu lassen. Alle Werte waren gut, außer dass sie wohl Probleme mit der Schilddrüse hatte. Von nun an musste sie täglich eine halbe Tablette einnehmen. Sie tat mir total leid, obwohl der Tierarzt zu diesem Zeitpunkt meinte, es wäre nichts Dramatisches. Amy war im Grunde nicht mein Hund, aber irgendjemand musste für die Medikamente aufkommen. Also zahlte ich die monatliche Gebühr. Ich tat es sogar gerne.

Es ging so weit, dass ich immer mit ihr Gassi ging und dabei sogar Spaß hatte. Oft spielten wir dabei fangen.

Wenn Amy rannte und alles gab, sah sie wie eine Mischung aus Känguru und Gepard aus.

Von nun besorgte ich auch ihr Futter. Es gab etwas Spezielles, das vom Tierarzt verordnet wurde. Jedes Mal, wenn ich sie fütterte, kam sie anschließend zu mir, um mir am linken Ohr zu lecken. Das bedeutete so viel wie »Danke«.

Wenn der Fernseher eingeschaltet und ein anderes Tier zu sehen oder eine Sirene zu hören war, rannte sie hin, spitzte ihre Ohren und wiegte ihren Kopf ganz langsam von links nach rechts und wieder zurück. Es könnte ja Gefahr lauern, und sie wollte sicher ihr Rudel beschützen. Wenn es an der Tür klingelte, rannte sie immer dort hin. Das war einfach ihr Beschützerinstinkt. Amy konnte sogar Türen aufmachen. Einmal bin ich kurz zum Nachbarn runter gegangen und wollte mir Werkzeug ausleihen, als Amy plötzlich hinter mir stand, mich mit ihrem Hundeblick ansah und ich wieder dahinschmolz.

Wenn ich von der Arbeit nach Hause kam, freute ich mich, sie zu sehen. Sie kam immer angerannt und begrüßte mich freudig. Manchmal warf ich mich sogar auf den Boden, und wir spielten die Szene mit Fred Feuerstein und seinem Dino nach.

Wenn Janine nicht da war, durfte Amy immer auf die Couch neben mich. Ja, ich ließ sie sogar manchmal ins Bett, schließlich gehörten wir einem Rudel an. Amy war faktisch zwar nicht mein Hund, aber irgendwie fühlte es sich so an. Dass sie zu mir gehörte, war offensichtlich.

Amy schnarchte immer, wenn sie schlief, aber nach einem anstrengenden Arbeitstag empfand ich dies trotzdem sehr beruhigend. Sie hatte auch ganz schiefe Schneidezähne. Wenn man sie anguckte, während sie schlief, guckte der erste Schneidezahn von links ein wenig raus. Viele würden es als Makel oder Schönheitsfehler bezeichnen, aber ich fand es wunderschön. Es ging sogar so weit, dass ich, wenn ich mal ein bis zwei Freiszenen hatte und dadurch ein wenig Zeit, schnell mit dem Taxi nach Hause fuhr, um sie noch mal für eine Stunde zu sehen und Gassi mit ihr gehen zu können.

Wenn man in der Medienbranche tätig ist, weiß man nie, wer es mit einem ehrlich meint.

Bei Amy und mir war es zweifellos ehrlich. Ehrliche Liebe! Wir waren immer füreinander da. Ich ging lieber einmal mehr mit ihr zum Tierarzt als eigentlich nötig, um sicher zu sein, dass es ihr gut ging. Das Geld spielte dabei keine Rolle, denn

Amy war etwas ganz Besonderes für mich. Wir waren sogar so vertraut miteinander, dass, wenn ich ein Stück Wurst im Mund hatte, ich aufstand, sie rief und sie es schaffte, mir die Wurst vom Mund wegzuschnappen, ohne mich zu verletzten – egal aus welcher Höhe.

Wenn ich manchmal zum Kühlschrank ging, guckte sie mir hinterher wie hypnotisiert, Kopf nach oben und Ohren wieder angespitzt. Wenn ich dann »Amy« rief, senkte sie ihren Kopf, Zunge kurz raus und wieder rein.

Sie dachte sich einfach nur: ›Jawohl, jetzt gibt's was zu fressen. Jetzt geht's los.‹ Kopf nach unten und schnell zu mir.

Pfötchen links und rechts konnte sie auch geben, tat dies aber nur für ein Leckerli. Was uns so einzigartig machte: Wir beide hatten den jeweils anderen mehr geliebt als uns selbst. Sie war die treueste Seele auf Erden. Es gab nur ein Problem: Es war nicht mein Hund.

Einmal bin ich mit ihr rausgegangen. Wie immer sollte sie vorm Spätkiosk auf mich warten. Als ich zuletzt geschaut hatte, hockte sie draußen, in der Nähe eines geparkten Autos. Nachdem ich bezahlt hatte, fuhr der Wagen los und Amy war fort. Hatte da gerade jemand den Hund geklaut? Ich ließ alles stehen und liegen und rannte dem Wagen, so schnell es ging, hinterher. Dabei schrie ich: »Halt! Stopp!«

In diesem Moment kam Amy aus einer dunklen Ecke hervor. Sie hatte sich nur einen anderen Platz gesucht, weil sie mal musste. Mir fiel ein Stein vom Herzen. Ich hatte richtige Angst, sie verloren zu haben. Ich drückte sie ganz doll an mich und sagte ihr, sie solle mir nie wieder so einen Schrecken einjagen.

Da Janine merkte, wie gut Amy und ich uns verstanden, stellte sie mal die Frage: »Fühlt es sich für dich so an, als sei Amy dein Hund?«

Ich log und sagte: »Nein.«

Warum ich dies tat? Ich hatte keinen Bock auf eventuelle Machtspielchen, die mal auftreten könnten. Ich war einfach nur froh, wenn Amy bei mir war und es ihr gut ging.

Kapitel 18

Vertragsverhandlung

Mobbing,
Ruhm und
treue Hunde
Danke Amy!

Regelmäßig einmal im Jahr, ungefähr zur Sommerzeit, standen Vertragsverhandlungen an. Dies wurde so gehandhabt, damit man selbst und die Produktion für die nächste Staffel planen konnten. Ich wusste, dass zwei Darstellerinnen aufhören wollten. Das spielte mir perfekt in die Karten.

Mal zur Info: In meiner Freizeit spielte ich gerne Poker. Für meine Vertragsverhandlungen spielte ich einen Bluff. Ich sagte Max, dass Valentino mir bei den Filmfestspielen gesagt habe, wir würden für das Jahr 2013 noch einen Song machen, den bekam ich natürlich nicht. Da zwei Darstellerinnen aufhörten und ich innerlich wusste, dass die Produktion einen weiteren Verlust nicht verkraften konnte, berief ich mich auf Valentinos Aussage, holte noch weiter aus und sagte:

»Entweder ich bekomme das, was er mir zugesagt hatte, oder ich höre auch auf.«

Max leitete dies weiter, und mein Wunsch sollte erfüllt werden. Damit fing auch das Vertragsgespräch an. Ich bekam aber nicht einen Song, sondern direkt drei. Drei Songs wurden es, damit ich für Mallorca wenigstens ein 20-minütiges Programm hatte. Ein Programm mit zwei Songs wäre zu kurz gewesen. Selbst hatte ich dabei nicht mitgewirkt, sondern bekam diese vor die Nase gesetzt, was für mich damals okay war. Als Sahnehäubchen sollte ich sogar im Sommer 2014 nach Mallorca fliegen, um Auftritte machen zu können. Man konnte es sehen, wie man wollte. Man hätte es als Erpressung meinerseits sehen können, oder man könnte auch sagen: »Gut geblufft oder gut gepokert.«

Im Grunde hab ich nur versucht, das durchzusetzen, was man mir zusagte – mehr nicht. Ich war zufrieden und voller Motivation für die nächste Staffel.

Irgendwann vor Mallorca trennten Janine und ich uns voneinander. In erster Linie musste nun geklärt werden: Wer bekommt Amy. Für Janine war die Lage klar, für mich nicht. Schließlich hatte ich mich in Bezug auf den Hund um alles gekümmert. Was kein Vorwurf an Janine sein sollte. Sie war immer den ganzen Tag unterwegs, also musste ich es machen. Sie war noch in der Ausbildung. Wie hätte sie das Futter und die Medikamente bezahlen können?

In meinen Augen fühlte es sich an, als wäre Amy mein Hund. Es wäre die beste Lösung gewesen, wenn Amy bei mir bleiben würde. Für mich konnte es nur einer entscheiden. Frank, der eigentliche Besitzer.

Ich sagte damals während einer Diskussion zu Janine, ich würde mit Amy eine Runde Gassi gehen, um mich zu verabschieden. Im Grunde ging ich nur, um Frank anzurufen, weil es zu Hause nur endlose Debatten gegeben hätte. Darauf hatte ich keinen Bock.

Ich erzählte Frank von der Situation und fragte: »Wer soll Amy nehmen?«

Frank antwortete klar: »Nimm du sie, bitte, ich habe dich und Amy gesehen. Sie ist für dich bestimmt, und ich weiß, dass es ihr bei dir gut gehen wird.«

Ich freute mich wie noch nie in meinem Leben. Das war das tollste und schönste Geschenk, das ich jemals bekam. Von nun an war Amy mein Hund.

Zur Feier des Tages bestellte ich für uns eine Grillplatte beim Griechen. Selbstverständlich auch mit ungewürztem Fleisch, denn Hunde haben einen empfindlichen Magen. Während wir auf das Essen warteten, spielten wir. Immer wieder schmiss ich ihren Ball durch die Wohnung, und sie brachte ihn immer wieder her, und jedes Mal gab es dafür eine Schmuseeinheit. Wir hatten beide richtig Spaß dabei. Als es dann klingelte, kam das Essen. Sie rannte mir schon die ganze Zeit hinterher. Sie wusste, gleich gibt es Futter. Zunächst musste ich jedoch zum Spätkiosk, Getränke holen. Für nur wenige Minuten. Hatte leider vergessen, sie mitzubestellen.

Als ich wieder kam, begrüßte Amy mich. Ihr könnt euch sicherlich denken, was los war.

Ich betrat anschließend das Wohnzimmer, da hatte sie die ganze Grillplatte bereits verputzt - inklusive der Holzstäbchen!

Das muss mir mal einer erklären, wie das in zwei Minuten geht.

Amy war allerdings nett und teilte auch mit mir. Die trockenen Kartoffeln hatte sie nämlich übrig gelassen. Ich war nicht sauer, sondern nahm es mit Humor. Sie gab mir so viel, was war da schon eine Grillplatte wert? Nichts!

Nun stand Mallorca vor der Tür, und es sollte mein Sommer werden …

Kapitel 19

Hilfe von Lorenz

Mobbing, Ruhm und treue Hunde

Danke Amy!

Aber das Wichtigste, was ich hatte, war Amy!

Im Jahr 2014 hatte ich insgesamt sechs Auftritte auf Mallorca. Ich hatte drei neue Songs im Repertoire und freute mich tierisch. Die Nervosität konnte ich nach wie vor noch nicht ablegen. Amy ging es währenddessen in Berlin gut. Frank passte auf sie auf. Natürlich fiel es mir schwer, sie mal einen Tag nicht zu sehen, aber ich wusste, dass es ihr an nichts fehlte.

Vor meinem ersten Auftritt 2014 hatte ich bereits einige Zeit nicht mehr auf der Bühne gestanden. Ich war besonders aufgeregt. Der heutige Künstler Lorenz Büffel war damals noch Animateur im Megapark. Für mich einer der nettesten Menschen, die ich in der Medienbranche kennengelernt habe. Ich erzählte ihm, wie nervös ich war, und fragte ihn, ob er ein paar Tipps für die Bühne hätte. Immerhin musste ich ein ganzes Programm abliefern und nicht einfach nur einen Song. Er wusste ganz genau, welche Animationstricks funktionierten. Also nahm er sich sogar die Zeit und coachte mich für den Auftritt.

Das muss jetzt mal erwähnt werden, denn er coachte mich, ohne eine Gegenleistung zu verlangen oder um einen Vorteil in irgendeiner Art und Weise daraus zu ziehen. Er machte es aus Nächstenliebe.

Lieber Lorenz Büffel, ich danke dir für diesen feinen Zug. Du bist ein toller Kerl. Danke!

Dank ihm lieferte ich ab und konnte das Publikum begeistern. Jeder machte mit und freute sich, mich live zu sehen. Es war toll. Es war wirklich toll. Es ging sogar so weit, dass bei der Fotostunde nach der Show Ausnahmezustand herrschte. Es war ein Gedränge, als würde es etwas umsonst geben, dabei wollten die Leute einfach nur ein Foto haben und mit mir kurz sprechen.

Diese Auftritte waren immer und immer wieder etwas ganz Besonderes für mich. Der Geschäftsführer meinte in diesem Sommer zu mir, dass nicht mehr viel fehlen würde, um den Besucherrekord zu knacken. Dies war angeblich aufgrund der Gegebenheiten auf der Insel nicht möglich.

Er sollte sich irren. Bei einem Auftritt knackte ich diesen Rekord. Seit circa vierzehn Jahren war dies der bestbesuchteste Abend, den der Megapark jemals hatte. Es war so voll, man konnte sich im Publikum gar nicht mehr bewegen. In diesem Sommer 2014 war ich der Mainact auf Mallorca. Die Fotostunde war das reinste Durcheinander, sodass wir zwischendurch kurzzeitig abbrechen mussten, da noch Sicherheitspersonal gebraucht wurde. Die Leute drängelten an diesem Abend, als würde es kein Morgen geben.

Völlig platt nach meinem letzten Mallorcaauftritt im Sommer 2014 fragte man mich, ob ich 2015 zum Opening kommen könnte. Mein Manager Max, der auch dabei war, wollte es auf jeden Fall abklären. Als Bonbon bekam ich sogar einen weiteren Auftritt für Anfang September. Es war zwar nicht mehr ganz so viel los auf der Insel, mein eigentliches Publikum war auch nicht mehr da, aber trotzdem landete ich von der Besucherzahl in dieser Woche auf Platz 1 mit drei Leuten mehr vor Jürgen Drews. Danach war die Mallorcasaison vorbei.

Liebe Leser, ich fasse mal eben zusammen. Ich spielte in einer der erfolgreichsten Fernsehshows mit, ich hatte viele Frauen, bis ich eine feste Freundin hatte, war ein erfolgreicher Schlagersänger mit einem Hit plus drei weiteren Songs, verdiente gutes Geld, war bei den Filmfestspielen in Frankreich, hatte sogar Erfahrungen in Sachen TV-Shows gesammelt und schloss nebenbei sogar meine zweite Berufsausbildung ab. Man kann sagen, ich war bei allem, was ich tat, sehr erfolgreich.

Aber das Wichtigste, was ich hatte, war Amy!

Ihr habt gelesen, wie es in meinem Lebenslauf fast nur bergauf ging. Jedoch ging es nicht immer so weiter. Ich sollte sogar mein Lachen verlieren …

Kapitel 20

Der aggressive Hund

Mobbing, Ruhm und treue Hunde

Danke Amy!

Stellt euch mal selbst die Frage: Wer von euch hätte so gehandelt wie Carmen? Ich behaupte: weniger als die Hälfte.

Kurz nach der Mallorcasaison war es soweit. Das dreijährige Bestehen des Formats musste gefeiert werden. Das war unglaublich. 120 Folgen waren ursprünglich geplant. Mittlerweile hatten wir 3,5 Jahre gedreht und waren bereits 3 Jahre auf Sendung. Damit waren es etwa 900 Folgen. Wahnsinn!

Selbstverständlich wurde eine Location für die Feier angemietet. Es waren fast alle da. Auch aus Köln kamen mal wieder diverse Führungskräfte. Der Produktionsleiter und Valentino hielten Reden. Was sie genau sagten, weiß ich nicht mehr. Jedenfalls waren danach wieder alle motiviert, und das Besäufnis konnte starten. Man unterhielt sich wieder viel, man soff, teilweise wurde man auch nur zugelabert. Manche waren schick angezogen und manche nicht, aber eine Person war da, die mir sofort ins Auge stach. Es war Roland, der Kameramann. Er hatte Krücken bei sich. Wir hatten uns schon länger nicht mehr gesehen, denn er hatte einen Verkehrsunfall gehabt. Er stand alleine an der Tanzfläche, ich ging rüber. Auch wenn wir keinen guten Start gehabt hatten, interessierte mich sein Schicksal. Er konnte seit einiger Zeit aufgrund seines Handicaps nicht mehr arbeiten, war aber an diesem Tag trotzdem mit guter Laune unterwegs. Wir unterhielten uns bestimmt eine Stunde. Wahrscheinlich länger als in der ganzen Zeit davor. Im Laufe des Gesprächs stießen wir an.

Als die Gläser leer waren, sagte ich zu ihm: »Du wirst mit mir niemals EIN Bier trinken.«

Er wusste sofort, worauf ich hinauswollte.

Wir grinsten uns beide für einen Moment an. Da er schlecht laufen konnte, holte ich ein zweites Bier und später auch ein drittes. Das war der Moment, als ich Roland etwas beibrachte. »Manchmal gibt es für den ersten Eindruck eben doch eine zweite Chance.«

Amy lehrte es mich, und ich nun Roland. Von nun an waren wir Arbeitskollegen, die sich respektierten, die auch offene und ehrliche Gespräche miteinander führen konnten. Manchmal musste man in anderen einfach das Gute erkennen wollen.

Ein paar Tage später, es war abends, ging ich mit Amy spazieren. Wie üblich wollten wir zu meinem Stammspäti und danach in unsere Stammpizzeria.

Als wir uns dem Späti näherten, kam auf einmal ein nicht angeleinter Hund um die Ecke geschossen und griff Amy ohne Grund an.

Ich ging sofort dazwischen und hielt die Hunde auseinander. Einen kleinen Biss bekam ich ab, aber das war nicht so tragisch. Wirklich nur zwei kleine Schrammen.

Das Frauchen des fremden Hundes kam aus dem Späti gerannt und entschuldigte sich sofort. Sie fragte, ob alles okay sei. Ich schnauzte sie an und fragte, sie ob sie eigentlich einen Knall hätte, ihren Hund nicht anzuleinen. Mir war ihre Ausrede egal. Schließlich griff ihr Hund meine Amy ohne Grund an. Wenigstens schien sich niemand verletzt zu haben.

Amy und ich gingen weiter zur Pizzeria. Dort angekommen, sah ich, dass Amy an ihrer Kralle blutete. Die war völlig hinüber. Ich packte sie kurz an, und Amy jaulte wie am Spieß. Ich fühlte mit ihr, und es tat mir weh, dass sie Schmerzen hatte.

Ohne Pizza ging es schnell nach Hause. Der tierärztliche Notdienst musste kommen. Amy bekam eine Betäubung, die Kralle musste ab, und es gab einen Verband. Es tat mir so leid, Amy so zu sehen. Natürlich regte ich mich auch über die Kosten der Behandlung auf, aber in erster Linie ging es Amy gut, und das war das Wichtigste.

Eine Woche später, als alles auskuriert war, ging ich mit Amy bei uns in den Hinterhof. Und was passierte? Es kam schon wieder ein Hund angeschossen und griff Amy an. Der Hund war diesmal viel größer als Amy. Dieses Mal konnte ich nicht direkt dazwischen. Ich verpasste dem anderen Hund einen Tritt, sodass dieser von Amy abließ, aber leider ließ Amy nicht los. Ich riss Amy das Gebiss auf, und sie ließ ab. Genau wie beim ersten Mal fragte ich die beiden Mädels, die mit dem Hund Gassi gingen, ob sie einen Knall hätten, den Hund nicht angeleint zu lassen. Sie meinten, es wäre nicht ihr Hund, und es täte ihnen leid. Umso schlimmer, den Hund dann nicht anzuleinen. Boah, war ich angepisst von den beiden und dem fremden Hund. Schließlich hatten wir so ein Theater gerade hinter uns.

Schnell in die Wohnung und Amy durchchecken. Sie zitterte und wusste nicht, was los war. Nach ein paar Minuten schien sie fit zu sein, aber natürlich rief ich wieder den tierärztlichen Notdienst. Kurz darauf ging ich kurz nach unten zu den Nachbarn, um nach dem andern Hund zu sehen. Ich ging in die Wohnung, und da lag das Tier. Es hatte eine Bisswunde und litt. Die beiden Mädels streichelten es, und ich streichelte es ebenfalls kurz, um dem Hund ein gutes Gefühl zu geben. Ich erzählte den Mädels, dass der tierärztliche Notdienst unterwegs war. Ich schicke die Person später dann zu ihnen.

Als der Notdienst bei uns eintrudelte, schaute er sich Amy an und untersuchte sie. Es war alles gut. Nix passiert! Der andere Hund wurde genäht, aber es war auch nix Ernsteres. Alle waren wohlbehalten. Alle waren beruhigt. Schien nur noch eine Sache geklärt werden zu müssen. Wer bezahlte die Rechnung? Keiner, denn schließlich hatten beide Parteien eine Hundehaftpflichtversicherung, die sogar bezahlt, wenn der eigene Hund aktiv beißt.

Ich lege jedem Hundebesitzer ans Herz, sich eine Hundehaftpflichtversicherung zuzulegen. Auch wenn man für den einen oder anderen Fall nichts kann, kann man trotzdem zur Rechenschaft gezogen werden. Bezahlt lieber ein paar Euro im Monat, denn schließlich ist das Wohl unserer Tiere für jeden Besitzer sehr wichtig.

Ein paar Tage später ging ich alleine durch meine Straße. Auf einmal bellte mich ein Hund an – völlig aggressiv. Selbst der Mann, der ihn führte, konnte diesen Hund einfach nicht beruhigen.

Ich fragte mich: ›War das der Hund, der Amy beim ersten Mal angegriffen hatte?‹

Ich erzählte ihm von der damaligen Situation, natürlich auch von dem Geld, das ich zahlen musste, und fragte, ob es sein kann, dass noch jemand anderes für den Hund verantwortlich sei.

Er log mich eiskalt an und sagte: »Nein.«

Dass er log, wusste ich zu dem Zeitpunkt noch nicht. Also ging ich meines Weges. Das Erste, was ich tat, als ich nach Hause kam, war wie immer: Ich kümmerte mich um Amy, und wir freuten uns beide, dass wir uns wiedersahen. Streicheleinheiten hier, Streicheleinheiten da. Natürlich redete ich auch mit ihr und hatte wirklich das Gefühl, verstanden zu werden. Sie war halt immer für mich da. Kurze Zeit darauf klingelte es an der Tür.

Eine Frau sagte durch die Gegensprechanlage: »Hallo, hier ist Carmen. Dein Hund hatte letztens eine Auseinandersetzung mit meinem, und dir sind Kosten entstanden.«

Ich war baff und drückte die Tür auf. Sie entschuldigte sich sofort. Auch für ihren Mitbewohner, der mich angelogen hatte. Carmen sah selbst nicht so aus, als hätte sie viel Geld, aber sie hatte eine Hundehaftpflichtversicherung und war davon überzeugt, dass diese auch zahlen würde. Ich fragte, wie sich mich gefunden hatte.

Sie sagte: »Ich kenne dich aus dem Fernsehen, habe deinen Namen gegoogelt und bin jedes Haus in der Straße abgelaufen.«

Ich bekam nur ein herzliches »Danke« heraus. Wir gingen im Guten auseinander, und der Schaden wurde tatsächlich von der Versicherung ersetzt.

Stellt euch mal selbst die Frage: Wer von euch hätte so gehandelt wie Carmen? Ich behaupte: weniger als die Hälfte.

Denn in unserer heutigen Gesellschaft läuft nach meiner Meinung etwas verkehrt …

Kapitel 21

Vollgesabbert

Mobbing,
Ruhm und
treue Hunde

Danke Amy!

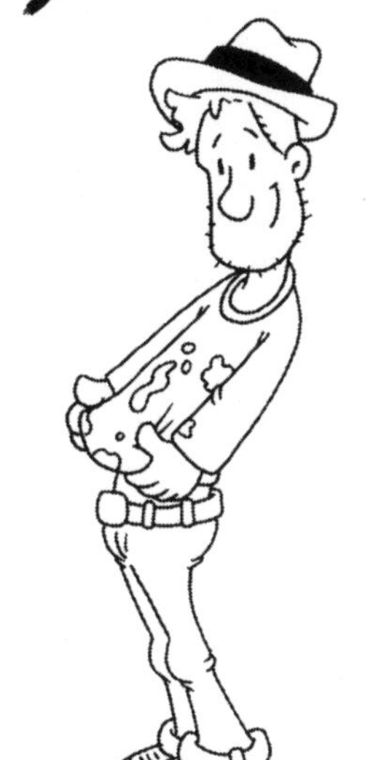

Nach dem ganzen Mallorcatrouble war ich natürlich so megahappy, dass ich meinen Arbeitsvertrag um ein weiteres Jahr verlängerte. Mittlerweile hatten wir das Jahr 2015. Allerdings war die Motivation am Set nicht mehr dieselbe, die noch am Anfang vorhanden war.

Es hatten einige Darsteller fast vier Jahre gedreht, und es war durchaus kräftezehrend.

Wir fühlten uns teilweise richtig ausgelaugt. So ausgelaugt, dass es sich anfühlte, als sollten wir Roboter oder Maschinen sein, die nur auf Knopfdruck zu funktionieren hatten – aber unsere Akkus waren fast leer.

Das lag natürlich daran, dass wir unsere Konzentration für eine Szene immer hochfuhren und direkt nach dieser Szene die Anspannung wieder runterfuhren. Mittlerweile war alles einfach alles Routine geworden. Ich war auch gereizter, und die Streitigkeiten wegen irgendwelcher Kleinigkeiten häuften sich. Ich merkte teilweise schon die Unzufriedenheit, wenn ich morgens zur Arbeit kam. Wir hatten vier Jahre lang fast unser komplettes Leben aufgegeben. Wir hatten alle wenig Urlaub. Teilweise mussten wir auch noch samstags drehen. Wenn ich abends nach Hause kam, fühlte ich mich wie gerädert, sodass ich keinen Bock auf nichts und niemanden hatte. Aber ein Lebewesen schaffte es nach wie vor, mir immer ein Lächeln ins Gesicht zu zaubern: Amy!

Nach wie vor freute ich mich jeden Tag darauf, nach Hause zu kommen. Mein Hund vermittelte mir diese Treue, dieses

Wertgefühl und natürlich das Gefühl, dass er immer zu mir stand, komme, was wolle.

Eines Abends nach der Arbeit kam ich nach Hause, und sie rastete vor Freude wieder komplett aus, sodass es im Spiel endete und wir beide uns ein wenig rangelten. Ich lief weg, sie rannte mir hinter, ich lief wieder weg, und sie rannte wieder hinterher, und wenn sie mich dann gefangen hatte, sprang sie mich an und tackelte mich zu Boden.

Irgendwann klingelte es. Ach, mein Nachbar, den hatte ich total vergessen. Wir wollten Fußball schauen. Ich ging zur Tür und Amy hinterher. Sie wollte mal wieder die Lage checken und gucken, wer dort war. Nach einem kurzen Beschnuppern ließ sie ab. Als mein Nachbar und ich uns begrüßten, fing er auf einmal laut zu lachen an.

Ich fragte ihn: »Was ist denn los?«

Er antwortete, während er nach oben ging: »Ach nix, ich komme gleich wieder, mach du dich erst mal frisch und zieh dich um.«

Ich verstand nur Bahnhof und begutachtete meine Klamotten, die ich anhatte.

Ich hatte einen schönen roten Pullover an, und der sah nach meinem Gekabbel mit Amy so aus, als hätte ich gerade einen Masturbationsmarathon hingelegt.

Mein Pullover war so was von zugesabbert von Amy, dass es wirklich merkwürdig aussah. Vielleicht wäre ich auch als Maler durchgegangen. Ich war aber nicht sauer, ich fand es eher belustigend.

An Amys Gesichtsausdruck erkannte ich, dass sogar sie sich irgendwie drüber lustig machte, und tatsächlich tobte ich erst mal weiter mit ihr. Ich konnte ihr einfach nicht böse sein. Irgendwie wusste sie ganz genau, welche Knöpfe sie bei mir zu drücken hatte. Als der Nachbar später wiederkam, stellte ich die Situation richtig, und seine Antwort war lachend: »Ja, klar.«

Im Endeffekt war es mir egal. Ich stand drüber.

Eines Tages hatte ich mal ein Fußball-Wettschein abgegeben. Eine Zeit lang waren Fußballwetten mein Hobby. Allerdings spielte ich nur mit Einsätzen von fünf, zehn oder zwanzig Euro. Zehn-Euro-Kombiwette, sechs Spiele, alle Spiele mussten richtig sein: Gewinn 940 Euro. Kurz vor Ende des Spieltages waren vier Spiele richtig. Dann schoss Wolfsburg das 2:1. Nun waren es fünf Spiele. An den Gewinn glaubte ich jedoch nicht mehr. In dem Spiel, das noch fehlte, war die Nachspielzeit bereits in vollem Gange, und dann fiel das 1:0 für den FC Turin. Ich rastete komplett aus, und wie aus dem Nichts, rastete Amy mit aus und sprang mich mal wieder an. Sie sabberte und schlabberte mich ab, als würde sie sich mit mir freuen. Dann begann der Nervenkitzel. In den letzten Minuten merkte Amy meine Unruhe, ich lief durch die Wohnung hin und her. Ich war so unruhig, sodass Amy auch unruhig wurde. Sie lief mir die ganze Zeit nach. Vom Wohnzimmer in den Flur, ins Schlafzimmer und wieder zurück. So lief es die letzten Minuten des Spiels. Dann Abpfiff. Ich schrie und jubelte, und Amy sprang wieder und bellte. Als hätte sie dieselbe Emotion wie ich.

Anscheinend war da wohl etwas dran.

Man behauptet: Der Hund spiegelt die Seele des Herrchens wieder.

Geil, 940 Euro gewonnen! Ich schnappte mir Amy und holte meinen Gewinn ab. Am nächsten Tag holte ich ein neues Hundebettchen für sie. Natürlich wollte ich ihr eine Freude machen.

Aber anstatt sich in ihr Bettchen zu legen, war sie lieber in meiner Nähe. War ich auf der Couch, kam sie. War ich duschen, kam sie. Und wenn ich schlafen ging, kam sie mit. Ihr war ihr neues Bettchen egal. Ihr war immer nur wichtig, bei mir sein zu können. Sie war einfach eine treue und ehrliche Seele.

Kapitel 22

Niederlage auf Malle

Mobbing, Ruhm und treue Hunde

Danke Amy!

Da die Besucherzahlen nicht so gut waren, ging es sogar so weit, dass man mich darum bat, pro Auftritt auf 1000 Euro zu verzichten, im Nachhinein für 2015.

Nun stand Mallorca mit dem Opening wieder vor der Tür. Ich kam mit einem guten Gefühl dort an. Alle Künstler waren dort, und es sprach sich natürlich rum, was ich im Vorjahr für Zuschauerzahlen erreicht hatte. Fast alle Künstler kamen auf mich zu und wollten mit mir reden. Es gab sogar einige, die mir zu meinem Erfolg im Vorjahr gratulierten. Innerlich konnte ich mir einfach nur einen abfreuen.

Als ich allerdings meinen Auftritt hatte, war nix von dem feiernden Publikum aus dem Jahr 2014 zu spüren. Während des Auftritts fragte ich mich, was los war.

Bevor ich auf die Bühne ging, dachte ich mir, das wird ein Selbstläufer. Davon leider keine Spur.

Wieso? Die Erklärung war ganz einfach. Es war nicht mein Publikum da. Nur geringfügig. Denn mein Publikum kam immer erst im Juli oder August. Bei dem Opening war ich in meinen Augen der Künstler, der am wenigsten Stimmung in die Bude brachte. Ich war so hochgepriesen worden und dann so was. Wirklich gebuht hatte keiner, aber mitsingen wollte auch niemand. Entweder kannten die Leute meine Songs nicht, oder sie hatten einfach keinen Bock auf mich.

An dem Abend schämte ich mich, wollte am liebsten sofort wieder weg, aber anstandshalber blieb ich und wollte, dass der Tag schnell vorbeiging. Ich wirkte vielleicht von außen cool, aber innerlich zehrte es schon sehr an mir. Max erklärte mir dann, woran es lag. Es war, wie bereits erwähnt, nicht mein

Zielpublikum – aber annehmen konnte ich die Erklärung irgendwie nicht. Wir traten den Weg zurück nach Berlin an.

Ein paar Wochen später ging dann wieder die Reise nach Mallorca los. Ich wurde insgesamt zehnmal gebucht. Die Produktion war so nett und gab mir für zwei Monate Urlaub, sodass ich mich komplett auf Mallorca konzentrieren und mir somit ein zweites Standbein aufbauen konnte. Nur lief es in diesem Jahr leider nicht so gut wie im Jahr davor. Ich war nicht mehr die Nummer 1, sondern nur noch unter den Top 3. Das Publikum hatte ich zwar immer in meinem Bann, aber die Besucherzahlen ließen zu wünschen übrig.

In diesem Jahr merkte ich auch, dass ich nicht nur Freunde auf der Insel hatte. Bei einem Auftritt kamen sogar vier Gläser geflogen. Es ging sogar so weit, dass ich dadurch meine private Unfallversicherung nach oben aktualisieren musste. Wenn mich so ein Glas mal im Gesicht getroffen hätte, hätte ich schwer verletzt werden können. Manchen Idioten im Publikum schien das egal zu sein.

Da die Besucherzahlen nicht so gut waren, ging es sogar so weit, dass man mich darum bat, pro Auftritt auf 1000 Euro zu verzichten, im Nachhinein für 2015.

Dafür würde ich dann für 2016 fünfmal garantiert gebucht werden, dann auch mit der Option auf einen sechsten und siebten Auftritt. Ich willigte ein, weil ich natürlich 2016 auch präsent sein wollte. Top 3 von all den Acts, war in meinen

Augen gar nicht mal so schlecht. Also war ich mit der Saison mehr oder weniger zufrieden.

Am Ende machte ich auch noch zwei Wochen Urlaub. An sich war es eher ein großes Besäufnis. Viel Alkohol und wenig Schlaf. Es gab jedoch eines, das ich am allermeisten vermisste: Amy!

Nach einer Woche hatte ich schon gar kein Bock mehr auf Urlaub, weil sie mir so fehlte. Es gab sogar Tage, da war ich nur im Hotelzimmer und soff. Ich wollte, dass die Zeit schnell rumging.

Als ich wieder nach Hause kam, begrüßten wir uns, als hätten wir uns ein Leben lang nicht gesehen. Ich streichelte sie den ganzen Abend und knuddelte sie. Sie schlabberte mich wie gewohnt ab, sprang mich an, lief mir hinterher. Es war wie immer. Da war sie wieder, meine treue Seele!

Kapitel 23

Amy beim Arzt

Mobbing,
Ruhm und
treue Hunde

Danke Amy!

Alles andere um mich herum war egal, der Fokus lag nur auf Amy, bis sie endlich wieder gesund war.

Danach erwarteten mich drei Schläge in die Fresse. Es kam, wie jedes Jahr, die Vertragsverhandlung. Für mich gab es nichts mehr großartig zu verhandeln, da ich einen Arbeitsvertrag besaß, der bis Ende der Produktion laufen sollte. Natürlich mit einer Kündigungsfrist von 6 Monaten. Mallorca stand auch schon fest – meiner Ansicht nach.

Privat passierte Folgendes: die endgültige Trennung von Janine, mein erster richtiger Schlag in die Fresse. Es riss mir den Boden unter den Füßen weg. Jeden Tag trank ich – das über drei bis vier Wochen. Mal Bier und des Öfteren eine Flasche Pfefferminzlikör am Abend, und am nächsten Tag musste ich auch noch arbeiten. Ich sah richtig scheiße aus. Natürlich ist eine Trennung nie etwas Gutes. Man muss versuchen, irgendwie damit klarzukommen.

Hätte ich Amy nicht gehabt, wäre ich zugrunde gegangen.

Amy war diejenige, die immer zu mir stand. Egal, was war. Um sie kümmerte ich mich natürlich. Sie war das Einzige, was mir wirklich noch Kraft gab, aber ansonsten war mir eigentlich alles egal. Wenn ich zur Arbeit ging, rotzte ich meine Szenen einfach runter und wollte nur schnell wieder nach Hause, denn dort wartete das Einzige, was mich ein wenig glücklich machte. Mein Hund gab es mir wieder, Tag für Tag, in dieser schwierigen Zeit: Wertgefühl. In dieser Phase liebte ich mich nicht mal mehr selbst, so sehr zog es mir den Boden unter den Füßen fort.

Nachdem sich die Produktion das Ganze ein Weilchen angeschaut hatte, wurde ich ins Büro gebeten. Ein Gespräch mit dem Presseleiter und mit Katja, einer der Produzenten. In dem Gespräch wurde mir mitgeteilt, dass ich 2016 nicht nach Mallorca durfte. Das hätte ich mir angeblich nach den letzten Wochen nicht verdient. Ich rastete verbal komplett aus und fragte, ob sie eigentlich einen Knall hätten.

Ich sagte solche Dinge wie: »Wenn ihr mich nicht nach Mallorca lasst, dann höre ich von jetzt auf gleich auf zu drehen.« Ich sagte, ich wollte mindestens zwei Auftritte haben. Diesmal war es kein Bluff von mir. Wäre mir nicht entgegengekommen worden, hätte ich aufgehört.

Warum handelte ich so? Ganz einfach: Jahrelang hatte ich jeden Blödsinn vor der Kamera gemacht, aber nun hatte ich mal ein paar Wochen nicht funktioniert, aufgrund privater Probleme, und dann kamen die mir so? Das sah ich nicht ein.

Schließlich bin ich auch nur ein Mensch und keine Maschine, die einfach mal einen Verlust soeben wegsteckte.

Also bekam ich immerhin zwei Auftritte. Im Endeffekt mein zweiter Schlag in die Fresse.

In dieser Phase musste ich mit Amy zum Tierarzt. Es war Anfang 2016. Ich wollte eigentlich nur ihre Medikamente abholen. Amy war wie meistens dabei. Natürlich ließ ich sie sicherheitshalber untersuchen. Es schien alles in Ordnung, aber eine Sache tastete der Tierarzt noch ab: die Milchdrüsen. Er erkannte leider Tumore. Ein Schock für mich. Der dritte Schlag in die Fresse. Die Tumore mussten rausoperiert werden, und aus Erfahrung ging der Tierarzt im Vorfeld von bösartigen Tumoren aus. Er sprach mir Mut zu, aber ich war wie in einem Tunnel.

Wie ging es bloß Amy gerade? Das konnte es doch mit uns nicht gewesen sein? Sollten wir uns jetzt schon verlieren? Immer wieder tauchten diese Fragen in mir auf.

Als wir zu Hause ankamen, brach ich in Tränen aus. Immer wieder, wenn ich Amy sah, war ich traurig. Sie merkte es natürlich und wusste nicht mal, dass sie eine böse Krankheit in sich trug. Es tat mir so leid für sie. So einem lieben Lebewesen wurde so ein Leid zugetragen. Das durfte nicht wahr sein. Ich streichelte sie, redete mit ihr und knuddelte sie, als wäre alles in Ordnung.

Schon am nächsten Tag ging es zum Tierarzt. Die Operation stand bevor. Als wir reinkamen, war nur der Arzt da, und er sagte, es sei okay, dass ich dabei wäre. Als Letztes sagte ich Amy, dass sie stark sei und es schaffen würde und sie mich nicht verlassen dürfe. Ich bräuchte sie so sehr. Einen letzten Kuss auf ihren Kopf, und sie wurde narkotisiert.

Sie lag auf dem Rücken. Mund auf und Zunge zur Seite. Beim ersten Schnitt wurde ich richtig nervös und hatte Angst. Der Tierarzt bat mich dann, rauszugehen, damit er sich konzentrieren konnte. Ich weinte mal wieder, ich hatte so Angst um sie. Ich rief meine Mutter an, und sie versuchte mich zu beruhigen, aber keine Chance. Wie ein Aufziehmännchen lief ich hin und her.

Mittlerweile hatte ich auch eine neue Freundin. Franziska kam auch zum Tierarzt, aber nichts und niemand konnte mich beruhigen. Diese Angst, das Lebewesen zu verlieren, das mir am meisten bedeutete, alleine dieser Gedanke brachte mich um.

Als die Operation vorbei war, wurde Amy ein wenig später wieder wach. Ich konnte das Glück kaum fassen, ihr wieder in die Augen zu schauen. Allerdings war sie sehr geschwächt. Mein Herz blutete, sie so zu sehen, aber das Wichtigste war, dass es ihr den Umständen entsprechend gut ging. Sie hatte natürlich eine Wunde.

Als wir wieder nach Hause konnten, ging ich in den folgenden Tagen nur ganz kleine Runden Gassi mit ihr und gab ihr kleine Häppchen zu Essen. Regelmäßig kontrollierte ich Fieber und ging in der ganzen Zeit zu bestimmt drei bis vier unterschiedlichen Ärzten. Sogar in eine Notfallklinik ging ich und behauptete, es sei ein Notfall, nur um schnell zu wissen, ob alles gut mit ihr war. Für mich war es auch ein Notfall.

Alles andere um mich herum war egal, der Fokus lag nur auf Amy, bis sie endlich wieder gesund war.

Bald hatte ich sie gesund wieder, meine Amy. Aber leider war dies nicht von langer Dauer. Nachdem sie ihre Tage bekam, bei Hunden nennt man es Läufigkeit, hörten diese nicht mehr auf. Das Blut war nach einer Zeit auch nicht mehr rot, sondern sehr dunkel, eher schwarz. Ich hatte ein komisches Gefühl dabei. Irgendwas konnte da noch nicht ganz stimmen. Ich ging zur Arbeit und schickte Franziska mit Amy zum Tierarzt.

Nachdem ich meine erste Szene gedreht hatte, blieb mir zwischen den Szenen etwas Zeit. Da rief ich Franziska an. Die Tierärztin hatte Amy untersucht, und dabei kam heraus, dass sich die Gebärmutter mit Blut gefüllt hatte. Diese musste sehr zeitnah rausoperiert werden.

Ich bat den Realisator am Set, der so etwas wie der Regisseur war, gehen zu dürfen. Ich würde auch schnellstens wiederkommen. Er willigte ein. Also schnell zum Tierarzt, wo Amy und Franziska waren, und dann in eine Tierklinik. Schon wieder das Gefühl der Angst, meine Amy womöglich zu verlieren. In diesem Fall war der Eingriff nicht so schlimm, aber für mich war es mal wieder die reinste Hölle.

Während Amy operiert wurde, weinte ich und rief den Realisator an, um zu fragen, ob man eventuell auf mich in den geplanten Szenen verzichten konnte, weil ich gerade große Sorge um meinen Hund hatte. Gott sei Dank hatte er selbst einen Hund und leitete alles in Wege, damit ich frei hatte.

An dem Tag konnte ich auch nicht mehr drehen. Meine ganze Sorge und meine ganzen Gedanken waren nur bei Amy. Die Ärzte in der Tierklinik meinten, ich solle nach Hause fahren. Sie würden anrufen, sobald Amy wach ist. Ich heulte wieder wie ein kleiner Junge. Ich selbst konnte ihr nicht helfen. Das Leben meines geliebten Hundes in den Händen von anderen … Ein richtig beschissenes Gefühl. Diese innerliche Unruhe, zu Hause warten zu müssen, brachte mich fast um. Als der Anruf der Tierklinik kam, löcherte ich die Mitarbeiterin direkt mit Fragen.

Lebte Amy noch? Hatte sie alles gut überstanden? Wie ging es ihr? Die Dame am Hörer sagte nur, dass alles gut verlaufen war, wir könnten unseren Hund jetzt abholen. Als wir dort ankamen, waren mir die Kosten für die Operation egal. Hauptsache, Amy konnte wieder bei mir sein.

Als wir Amy abholen wollten, lag da plötzlich ein eingeschläferter Hund.

Ein Anblick, den ich gerade echt nicht gebrauchen konnte. In dem Moment wurde mir wirklich bewusst, dass mein Hund irgendwann auch so leblos daliegen würde. Es machte mir große Angst.

Als wir reingebeten wurden, um Amy entgegenzunehmen, kam sie auch schon angerannt, als sei nichts gewesen. Sie begrüßte mich mal wieder mit ihrer ganzen Liebe und ihrer Treue. Sie selbst wusste gar nicht, was los war. Sie verhielt sich, als seien die letzten Stunden nie geschehen. Mit ihrem treuen Blick und ihren angespitzten Ohren schaute sie mich an, und mir fiel einfach nur ein Stein vom Herzen, als ich sie wieder in meinen Armen hatte. Klar musste die Wunde der Operation wieder heilen, aber diese war nicht annähernd so groß wie die beim letzten Mal. Meine beste Freundin wurde also wieder gesund.

Da war sie wieder, meine Amy.

Kapitel 24

Niederlage meines Lebens

Mobbing, Ruhm und treue Hunde

Danke Amy!

Er filmte uns, als er neben mir stand, und brüllte: »Dein Auftritt war echt scheiße.«

Mallorca stand mal wieder vor Tür. Diesmal hatte ich nur zwei Auftritte. 2016 hatte ich nicht mal einen neuen Song, aber nichtsdestotrotz wollte ich abliefern, um 2017 wieder gebucht zu werden. Meine Auftritte verliefen super. Ich konnte das Publikum wieder in meinen Bann ziehen. Dieses Jahr kam auch nichts auf die Bühne geflogen, jedenfalls nichts, was mich hätte verletzen können. Es lief alles reibungslos ab. Ich war mit meinem ganzen Herzen bei der Sache und wollte alle begeistern, was auch klappte.

Die Besucherzahlen waren auch wieder gut. Ich war unter den Top 3. Ich war zufrieden.

Ich wurde sogar nach meinen Auftritten gefragt, ob ich am nächsten Tag für einen anderen Künstler, der ausgefallen war, einspringen könnte. Ich fragte natürlich, ob das eine gute Idee wäre, denn schließlich lief vorher den ganzen Tag Elektro, aber meine Begleitung meinte: »Klar, das kommt dir nur zu gute. Schließlich hast du bereits zweimal abgeliefert.«

Also sagte ich bedauerlicherweise und zähneknirschend zu. Dann war es so weit. Sogar der oberste Chef des Megaparks war da. In dem Jahr schaute er sich jeden Künstler genau an. Ich war nervös wie immer, aber diesmal hatte ich ein anderes Gefühl. Es war das Gefühl, dass ich komplett versagen würde. Ich ging auf die Bühne und legte los wie immer. Das Publikum bekam ich diesmal überhaupt nicht in den Griff. Ich machte alles genauso wie am Vorabend, aber diesmal konnte ich niemanden begeistern. Es ging sogar so weit, sodass ich von der Bühne gebuht wurde und schnell verschwinden musste. Das war die Niederlage meines Lebens.

Mit gesenktem Kopf ging ich zur Fotostunde, die diesmal sehr durchwachsen war. An einen Idioten kann ich mich genauestens erinnern.

Er filmte uns, als er neben mir stand, und brüllte: »Dein Auftritt war echt scheiße.«

Ich schickte ihn direkt weiter. Ich war gerade von der Bühne runtergebuht worden, und dann setzte dieser Idiot noch einen drauf. Am liebsten hätte ich ihm dafür eine gedonnert. Nach der Fotostunde trank ich ein großes Glas Cola-Rum und danach schnell weg.

Der Schlager hatte mich immer begeistert. Dieses Gruppengefühl, diese gewisse Art von Freiheit. Mein ganzes Herz hatte ich da reingesteckt. Das war auf einmal alles verpufft. Mit einem Auftritt war mein Herz in tausend Teile gesprengt worden. Und das alles auch noch einen Tag nach meinem Geburtstag. »Alles Gute nachträglich, Falko.«

Am nächsten Tag war ich einfach nur froh, als ich zu Hause war. Nichts konnte mich aufheitern. Nicht mal Amy schaffte es wirklich, mich aufzubauen. Sie merkte jedoch, dass es mir schlecht ging. Natürlich begrüßten wir uns wie sonst auch, aber innerlich war ich gebrochen. Im Anschluss besoff ich mich mal wieder, aber es war nicht so wie die Male davor. Nein, diesmal besoff ich mich, um einfach mal nicht nachdenken zu müssen. Gut, dass ich noch Urlaub hatte.

Nachdem Franziska miterleben musste, wie schlecht es mir damals wegen Amy gegangen war und wie schlecht es mir nach Mallorca ging, überraschte sie mich mit einer weiteren Bordeauxdogge. Es war Emma. Sie war noch ein Welpe, aber leider konnte Amy sie nie akzeptieren. Ein paar Wochen schaute ich mir den Zwist zwischen den beiden an. Amy wollte Emma immer wieder attackieren. Es tat mir so unfassbar leid für Emma, aber ich konnte Amy auch verstehen. Schließlich war sie in kürzester Zeit zweimal ohne Grund von einem Hund angefallen worden, sodass sie eine Antipathie gegenüber anderen Hunden entwickelt hatte. Vor allem gegenüber Hunden, die mir zu nahe kamen. Deshalb konnte ich leider zum Schutz von Emma nie eine Verbindung zu ihr aufbauen. Ich war nicht sauer auf Amy. Schließlich war sie mein Ein und Alles. Ich hielt immer zu ihr – umgekehrt war es genauso. Nach ein paar Wochen musste ich schweren Herzens Emma wieder abgeben, aber sie kam in ein gutes Zuhause.

Wir hatten mittlerweile Ende August 2016. Ich zog das erste Mal in Berlin um.

Mein Künstlername ›Ole ohne Kohle‹ spiegelte nicht wieder, wie es mir privat finanziell ging. Ich hatte von allen Arbeitskollegen mit das meiste Geld.

Über all die Jahre sparte ich mein Geld und gab es nur geringfügig für unnütze Dinge aus. Über all die Jahre war es mir nicht wichtig, ein T-Shirt für 50 Euro zu haben, wenn es auch ein Shirt für zehn Euro tat. Über all die Jahre hatte ich nämlich ein klares Ziel vor Augen, das mich auch motivierte, sparsam zu leben. Mittlerweile hatte ich so viel angespartes Kapital, dass ich mir eine Eigentumswohnung kaufen konnte.

Es war mit die beste Entscheidung meines Lebens. Ein Dach über dem Kopf braucht man schließlich immer.

Dadurch hatte ich Mallorca auch ganz gut vergessen können, denn schließlich hatte ich jetzt etwas von meiner jahrelang harten Arbeit. Mal abgesehen davon, dass die Immobilie wertvoll war, hatte es noch einen schönen Nebeneffekt: Sie lag im Grünen, was mir guttat. Es war auch eine super Sache für Amy. In meiner neuen Wohnung hatten wir sogar einen wundervollen Bereich zum Spielen.

Folgendermaßen sah es aus: Vom Wohnzimmer aus kam man in die Küche, von der Küche weiter in den Flur und wieder zurück ins Wohnzimmer. Man konnte quasi einmal im Kreis laufen. Wir spielten immer wieder fangen. Manchmal verarschte ich Amy und drehte wieder in die andere Richtung oder versteckte mich in der Mitte dieser Runde, sodass Amy mich nicht sah. Dieses Spielchen konnte ich minutenlang mit ihr machen. Es sei denn, ich hatte ein Leckerli in der Hand, dann tat Amy natürlich alles, um es zu bekommen. Da verarschte sie mich jedes Mal und rannte auf einmal so schnell, bis sie mich hatte, und natürlich bekam sie jedes Mal ihr Leckerli. Amy war eben ziemlich schlau.

Kapitel 25

Böse Vorahnung

Das, was sie mir alles gab, versuchte ich ihr zurückzugeben: Treue, Liebe, Kuscheleinheiten, Ehrlichkeit und hundertprozentiges Vertrauen.

Wegen meiner Niederlage wartete ich natürlich Woche für Woche, ob es Neuigkeiten aus Mallorca gab. Ich hatte die ganze Zeit ein mulmiges Gefühl, ob ich für das kommende Jahr gebucht werden würde. Meiner Ansicht nach wäre es eigentlich fair gewesen. Schließlich konnte ich für den letzten, mies gelaufenen Auftritt nichts. Welcher Veranstalter ist auch so unklug und lässt einen Schlagerkünstler nach einer Elektroparty auftreten? Das wäre genauso, als würde ein Techno-DJ auf einer Hip-Hop Party auflegen. Na ja, mir blieb nix anderes übrig, als abzuwarten.

Immer wieder fragte jemand von der Produktionsfirma auf Mallorca nach. Natürlich wurde die Entscheidung lange hinausgezögert. Innerlich hatte ich mich schon darauf eingestellt, dass ich 2017 nicht dort sein würde. Bis dann die Gewissheit kam:

An dem Tag war ich am Set, als die böse Vorahnung zur Gewissheit wurde. Ich bekam die schlechte Nachricht mitgeteilt, war schockiert und traurig, obwohl ich es die ganze Zeit im Gefühl hatte.

Ich ging zur Szenenbesprechung. Das ganze Team saß dort. Das Schlimmste war, dass ich in der folgenden Szene die Hauptperson war und fröhlich spielen musste. Natürlich merkte das ganze Team, dass etwas nicht stimmte. In kompletter Runde erzählte ich mein Leid. Alle hörten nur zu, keiner sagte etwas. Dann brach ich in Tränen aus, vor Wut und vor Enttäuschung zugleich, und verließ die Runde in mein Drehzimmer, das Ole-WG-Zimmer.

Lutz kam mir hinterher, und ich schaute aus dem Fenster. Er fing an, mich zu trösten, nahm mich in den Arm, redete mir Mut zu. Was er genau sagte, weiß ich nicht mehr. Es war einfach nur schön, dass er in dem Moment da war und mich in den Arm nahm. Nach ein paar Minuten war ich beruhigt, und wir drehten die Szene. Das ganze Team fing mich darin auf. Sie versuchten, mir ein gutes Gefühl zu geben und ein Lächeln ins Gesicht zu zaubern. Sie schafften es. Ich war so froh, dass sie in dieser Zeit für mich da waren.

Wenig später daheim, an einem Abend, lag Amy neben mir. Ich streichelte sie und merkte dabei, dass sich wohl wieder Tumore an ihrem Brustkorb gebildet hatten. Dieses Mal größer als die vorherigen. Mittlerweile hatten wir aufgrund des Umzugs den Tierarzt gewechselt. Natürlich mussten die Tumore erneut entfernt werden. Ich war wieder fix und fertig. Wann hörte endlich dieses Leid auf? Amy war doch so ein liebes Tier. Das hatte sie einfach nicht verdient.

In meinem Kopf spielten sich wieder schlimme Szenarien ab – wie beim ersten Mal. Ich hatte Tränen in den Augen und konnte mich kaum beruhigen. Ich wartete in einiger Entfernung vor der Tierarztpraxis. Ich konnte mal wieder nicht stillhalten.

Dann passierte es. Der Anruf vom Tierarzt kam mit folgender Nachricht: »Die Operation ist gut verlaufen, aber wir haben am Kehlkopfdeckel unheilbaren und nicht operierbaren Krebs entdeckt. Sie hat noch vier bis sechs Wochen zu leben.«

Eine Welt brach in dem Moment zusammen. Ich heulte und heulte. Ich konnte nicht mehr. Ich sollte Amy verlieren. Wir sollten nicht mehr lange Zeit haben und nebenbei noch drehen? Wie sollte ich das denn schaffen?

Amy war natürlich von der Operation sehr geschwächt. Trotzdem versuchte ich irgendwie, stark zu sein und ihr noch schöne Tage zu bereiten, aber ich konnte mich in keinster Art und Weise mit dem Gedanken anfreunden, dass es das gewesen sein sollte.

Für den damaligen Tag bekam ich erst mal drehfrei und kümmerte mich um Amy. Ich wollte alles tun, um sie zu retten.

So rief ich am nächsten Tag ihren alten Tierarzt an, und er sagte: »Holen Sie sich bitte eine zweite Meinung. Schreiben Sie sich mal folgende Nummer auf. Die Ärztin ist eine Spezialistin.«

Ich schöpfte wieder ein bisschen Hoffnung und rief dort an. Die Ärztin war so gefragt, dass ich eine Woche warten musste, bis es überhaupt zu einen Termin kam. Ausnahmsweise durfte Amy an diesen Tagen mit ans Set. So konnte ich auf sie aufpassen und ihre eventuell letzten Lebenstage mit ihr verbringen. Ich versuchte, meine Gefühle zu verdrängen, bis ich die zweite Meinung hatte. Innerlich bangte ich trotzdem Tag und Nacht um ihr Leben. Teilweise konnte ich nicht mal richtig schlafen.

Dann kam der Termin beim Tierarzt. Die Ärztin untersuchte Amy und meinte auch, dass es nicht gut aussehen würde. Sie wollte aber vorsichtshalber einen Abstrich machen. Ich war einverstanden, und wir mussten wieder zwei Tage warten. Aus irgendeinem unerklärlichen Grund hatte ich allerdings plötzlich ein gutes Gefühl. Ich schöpfte einfach wieder neue Hoffnung. Dann kam das Ergebnis: Alles war gut.

Es kommt anscheinend bei Hunden verdammt selten vor, dass sie eine Kehlkopfdeckelentzündung haben, die nach dem ersten Anschein mit Krebs verwechselt wird. In zwei Prozent aller Fälle wird hierbei Krebs mit dieser Entzündung verwechselt. Es war auch kein wirklicher Fehler bei der ersten Meinung, da die Chance für die Diagnose Kehlkopfentzündung einfach so gering war. Selbst die Spezialistin gab mir anfangs nicht wirklich Hoffnung, aber mein Bauchgefühl sagte mir kurz vor dem Befund etwas Positives. Und mein Gefühl gab mir recht.

Ich konnte unser Glück kaum fassen. Es war, als wären Amy und ich neu geboren worden und bekämen eine zweite Chance. Ich drückte sie die ganze Zeit an mich, knuddelte mit ihr, und wir rannten auch wieder unsere Runden durch die Wohnung.

An dem Abend schmiss ich eine Serie im TV an, legte dabei meine Matratze auf den Boden, und wir chillten. Sie guckte tatsächlich mit, immer und immer wieder sagte ich ihr, wie sehr ich sie liebe und froh war, dass sie da ist. An dem Abend leckte sie mir sogar immer wieder mein linkes Ohr und das auch, ohne dass sie Essen dafür bekam. Wir waren das perfekte Team.

Das, was sie mir alles gab, versuchte ich ihr zurückzugeben: Treue, Liebe, Kuscheleinheiten, Ehrlichkeit und hundertprozentiges Vertrauen.

Die meisten, die einen Hund haben oder hatten verstehen, was ich meine. Hunde sind einfach ganz tolle Lebewesen!

Kapitel 26

Keine Sorge?

Mobbing,
Ruhm und
treue Hunde

Danke Amy!

Zurück zur Arbeit. Wir hatten ein Gruppenmeeting. Alle Darsteller und alle Verantwortlichen. Die Quoten waren nicht mehr so gut, wie sie einmal waren. Uns wurde erzählt, dass alles umstrukturiert werden würde und sich einiges ändern müsste, um an unsere alten Quotenerfolge heranzukommen. Wie immer hielt Valentino eine Rede. Er konnte ziemlich gut motivieren, sodass man mit einem guten Gefühl aus so einer Besprechung herausging. Nach dem Meeting standen Lutz und ich am Aufzug, und Valentino, der Geschäftsführer, kam zu uns rüber.

Er sagte: »Ihr beide müsst euch keine Sorgen machen.«

Lutz und ich guckten uns an und grinsten.

Warum sollten wir uns auch Sorgen machen? Schließlich waren wir die Einzigen, die durchgängig seit Folge 1 dabei waren.

Ungefähr zwei bis drei Wochen später kam dann mein Vertragsgespräch. Es war der 21. Juli 2017. Voller Freude betrat ich das Büro. Zur Umstrukturierung bekamen wir auch einen neuen Produktionsleiter. Mit bei dem Gespräch waren Katja und der ›Neue‹, Dirk hieß er. Ich setzte mich wie immer ganz entspannt hin. Dann wurde mir ziemlich schnell mitgeteilt, dass ich bei dem Format nicht mehr dabei sein würde.

Ein Schock! Hatte Valentino nicht noch vor ein paar Wochen gesagt, ich bräuchte mir keine Sorgen machen? Ich dachte, dass ich mich verhört hätte. Der Grund: Meine Rolle sei auserzählt! Meiner Meinung nach konnte man keine Rolle auserzählen. Wie angewurzelt saß ich auf dem Stuhl und wollte eigentlich sofort den Raum verlassen. Dirk erzählte noch, dass sie mir aber helfen wollten, um eine gute Brücke zu meiner Schlagerkarriere zu bauen. Ich sollte mit einem Song das Format verlassen, und eine Bookingfirma hätten sie auch organisiert, sodass ich nicht ganz mit leeren Händen dastünde. Ab und zu sollte ich sogar zum Format zurückkommen mit Gastauftritten, was bis heute nicht passiert ist. Ich sollte sogar den Namen meiner Figur nutzen dürfen.

Ich dachte mir nur: ›Oh, wie gnädig! Dafür, dass ich den Künstlernamen erfunden habe, darf ich den sogar noch behalten.‹ Obwohl ich den Namen erfand, hatte die Firma die Rechte! In meinen Augen war es das Mindeste, dass ich den Namen auch nutzen durfte. Über all die Jahre hatte ich jeden Scheiß vor der Kamera gemacht, und das war jetzt der Dank dafür?

Als das Gespräch endete, war ich wie geschockt. Ich rief meine Mutter an, und auch sie konnte es nicht fassen. Noch weniger konnte ich es selbst fassen. War das gerade wirklich alles passiert? Ja, war es!

Als ich es den andern am Drehort erzählte, glaubte es mir keiner. Die dachten alle, ich würde sie verarschen.

Mit völliger Leere und in geschocktem Zustand ratterte ich meine folgenden Szenen einfach nur runter und sehnte den Feierabend herbei. Als ich zu Franziska ging, besoff ich mich. Von Mittwoch bis Freitag waren es insgesamt 48 0,5-Liter-Bierflaschen plus zwei Pullen hochprozentiger Schnaps. Ich stand einfach neben mir.

An dem Mittwoch rief ich Valentino total besoffen an und warf ihm alle schlimmen Beleidigungen an den Kopf, die es gab. Er versuchte, mich zu beruhigen, hatte aber keine Chance. Schließlich war er derjenige, der mir sagte, ich solle mir keine Sorgen machen. Also donnerte ich wie wild auf ihn ein. Ich hörte gar nicht mehr mit meinen Beleidigungen auf.

Franziska nahm mir irgendwann den Hörer weg und redete mit Valentino, während ich völlig besoffen auf der Couch hing. Irgendwann ging ich mit Amy raus und lief eine Runde. Als ich wiederkam, soff ich weiter und konnte mich später an Mittwochabend nicht mehr erinnern.

Am Donnerstag dasselbe Spiel. Ich hatte frei. Den ganzen Tag trank ich und hing nur rum. Erinnerungen: Fehlanzeige. Am Freitag hätte ich drehen müssen, aber ich bat Dirk um einen freien Tag. Den genehmigte er mir, und ich soff weiter.

An Folgendes kann ich mich bis heute nicht erinnern: Ich rief wohl Katja an und wurde so ausfallend, dass diese mir unseren Firmenpsychologen vorbeischickte. Dieser redete auf mich ein, aber es war mir egal, was er vom Stapel ließ. Er wollte mir sogar das Saufen verbieten. Als er da war, kippte ich mir aus Protest das nächste Glas Schnaps. Er merkte selbst, es machte keinen Sinn.

> **Aus Erzählungen weiß ich, dass ich mal im Flur schlief, mal vorm Klo oder in der Küche. Ich war total fertig mit der Welt.**

Irgendwann klingelte es, und ich wurde wach. Plötzlich standen zwei Ersthelfer im Raum. Franziska hatte wohl Angst gehabt, dass ich an meiner eigenen Kotze ersticken könnte und den Krankenwagen gerufen. Die Ersthelfer stellten mir Fragen, und wie auf Knopfdruck konnte ich mich kurz zusammenreißen und diese auch richtig beantworten. Nach dem ich die Sanis gut getäuscht hatte und sie endlich weg waren, soff ich weiter. Franziska kümmerte sich zwei Tage um Amy.

Am Samstag kamen zwei Darsteller vorbei und versuchten irgendwie Spaß mitzubringen. Es waren Saskia und Jennifer. Wir redeten über diese ganze Situation, und sie konnten es selbst nicht fassen. Sie sprachen mir Mut zu und meinten auch, dass ich trotzdem meinen Weg gehen würde. Einen Augenblick konnte ich meinen Rausschmiss verdrängen, aber der Stachel saß immer noch sehr tief.

Als es am Montag zur Arbeit ging, hatten wir ein Meeting. Ich hielt mich sehr stark zurück und entschuldigte mich bei den Leuten, bei denen ich so ausfallend geworden war. Sie nahmen meine Entschuldigung an.

Kapitel 27

Der letzte Dreh

Mobbing,
Ruhm und
treue Hunde

Danke Amy!

Nach der letzten Szene
klatschte das ganze Team,
und mir fiel einfach nur
ein Stein vom Herzen.

Kurze Zeit später traf ich Tim. Ich kannte ihn aus meiner Schulzeit. Er war ein sehr loyaler, reifer und sehr zuverlässiger Typ. Er war nie einer von denen gewesen, die mich gemobbt hatten. Als ich am Anfang in Berlin war, kam es mal zu einem Treffen. Ich wusste damals, dass er auch in der Hauptstadt war, doch es blieb bei dem einen Mal, was mehr an mir gelegen hatte. Als die Erstausstrahlung des Formates anstand, waren meine Interessen andere, zum Beispiel Frauen, Feiern und mein Leben leben.

Als ich nun umgezogen war und bei mir um die Ecke zum Späti ging, dachte ich, ich sehe nicht richtig: Tim stand dort an der Kasse. Wir unterhielten uns kurz, aber leider musste er an dem Tag weiter. Seine Nummer hatte ich noch. Als ich mich bei ihm meldete, stellte sich heraus, dass wir zwei Minuten voneinander entfernt wohnten.

Wie krass war das denn bitte?

Berlin ist so groß, und der einzige Schulkollege, den ich kannte, der auch in Berlin lebte, wohnte nur zwei Minuten von mir entfernt? Schicksal!

Natürlich trafen wir uns immer und immer häufiger und blieben Freunde – bis heute! Wahrscheinlich sogar die besten Freunde!

Einige Zeit später hatte ich mich mit dem Gedanken anfreunden müssen, bald nicht mehr in der Serie dabei zu sein. Im November 2017 sollte mein letzter Drehtag sein, aber bis zu dem Tag passierten noch einige Dinge.

Ich lernte den Chef der Bookingfirma kennen. Matthias war sein Name. Wir unterhielten uns, wie die Dinge innerhalb der Firma abliefen, und natürlich auch darüber, was wir alles gemeinsam machen könnten. Eine Woche lang erbat ich mir Bedenkzeit und nahm sein Angebot schließlich an. Meine Motivation am Set war mittlerweile völlig dahin. Ich wollte nur noch die letzten Wochen rumbekommen. Ich zog mich sehr zurück und kam fast nur noch aus meinem Drehzimmer raus, wenn ich gebraucht wurde. Nebenbei hatte die Produktion mir erlaubt, schon mal einige Schlagerauftritte zu machen. So konnte ich neben meinem Grundgehalt ein wenig nebenbei verdienen. Ein Freund von mir passte dabei immer auf Amy auf. Also fuhr ich ein paar Stunden mit dem Auto zu meinem Termin, machte meinen Auftritt und schnell wieder nach Hause. Die Firma war sogar so nett und lieh mir dafür einen Wagen. Unter der Woche drehte ich nach wie vor völlig motivationslos.

Als mein vorletzter Drehtag war, passierte Folgendes: In meiner letzten Szene hatte ich einen Auftritt. Ich fragte noch den Setaufnahmeleiter, wo die Komparsen seien. Er meinte, dass diese gleich kommen würden. Ich ging auf Anfang, und mein Song sollte bereits laufen. Tat er aber nicht.

Stattdessen stürmte auf einmal eine Menschenmeute das Set, und fast die ganze Produktion war da. Alle Darsteller und fast alle Mitarbeiter. Die Überraschung war geglückt.

Auf der einen Seite war ich total traurig und auf der anderen total froh, dass sie das taten. Ich performte meinen Song für die Szene, und alle machten mit. Wir tranken, wir lachten, machten unsere Witze und hatten einen tollen Abend.

Es war schön, so einen Abschied zu bekommen. So etwas hatte noch nie jemand für mich getan.

Am nächsten Tag war mein letzter Drehtag. Auf dem Weg zur Arbeit fühlte es sich komisch an. Ich konnte es noch gar nicht wahrhaben, dass an dem Tag alles endete. Mein Drehzimmer war bereits geräumt. Ich spielte meine Szenen und hatte immer wieder den Gedanken in mir, dass es das jetzt wohl war.

Nach der letzten Szene klatschte das ganze Team, und mir fiel einfach nur ein Stein vom Herzen.

Jetzt sollte ein neuer Lebensabschnitt beginnen. Allerdings hatte ich noch den Vorteil, dass mein Arbeitsvertrag bis Ende Januar ging. Ich bekam erst mal mein Gehalt weiter. Unter der Woche hatte ich frei, Auftritte waren am Wochenende. Die meisten waren circa vier bis fünf Stunden von Berlin entfernt, aber ich fuhr danach jedes Mal doch wieder nach Hause. Franziska war auch immer mit dabei. Ein Freund passte nach wie vor in dieser Zeit auf Amy auf. Es war jedes Mal schön, wenn ich nach Hause kam, weil das Wiedersehen mit Amy einfach toll war. Sie war einfach mein Herz.

Ein paar Wochen später wurde mir unter der Woche so langweilig, sodass ich mir erst mal einen PC für 2000 Euro kaufte. Ich wollte Computerspiele zocken. Da ich mir die letzten Jahre nichts gegönnt hatte, konnte ich das gut mit mir vereinbaren.

Als ich eines Tages bei einem Auftritt war und heimkam, begrüßte mich Amy. Alles schien zu sein wie immer. Nach einiger Zeit wollte ich den Computer anmachen und hörte ein krisselndes Geräusch. Amy hatte in meinen Computer reingepisst, der gerade mal vier Wochen alt war. Ich schimpfte mit ihr. Ich schubste sie sogar von mir weg. Ich wollte sie in diesem Moment einfach nicht sehen, weil ich so sauer war. Ich konnte mich gar nicht beruhigen, so wütend war ich. Bis sie mich so nervte, dass ich sie erst mal ins Schlafzimmer sperrte. Zumindest solange, bis der Computer hoffentlich bald heile wurde. Franziska kümmerte sich darum und ließ ihn reparieren.

Als ich Amy aus dem Schlafzimmer holte, entschuldigte ich mich dafür, dass ich so sauer gewesen war, und redete mit ihr. Ich erklärte ihr sogar, warum ich so sauer war. Es reichte wieder mal, dass sie mich nur anguckte, und schon erweichte sie mein Herz. Ich konnte einfach nicht lange böse auf sie sein.

Kapitel 28

Mit Amy unterwegs

Mobbing, Ruhm und treue Hunde

Danke Amy!

Sperr einen Hund und eine Frau in deinen Kofferraum ein, wer freut sich mehr, dich zu sehen?

Mittlerweile war es Januar 2018. Ende des Monats entdeckte ich leider bei Amy am Bauch, dass sich unter ihrem Fell etwas hart anfühlte. Genau an der Stelle, an der sie das zweite Mal operiert worden war. Ich ging natürlich zum Tierarzt. Er gab mir Medizin mit, um erst mal zu schauen, ob diese Verhärtung dadurch wegging. Leider brachte es keine Besserung. Also ging ich noch mal hin. Dieses Mal wollte er eine Probe nehmen und diese ins Labor schicken.

Während er das tat, schaute mich Amy mit einem Blick an, den ich von ihr nicht kannte, als wollte sie mir sagen:

»Herrchen, das möchtest du eigentlich nicht wissen, was gerade los ist.«

Amy wollte mir zu dem Zeitpunkt wahrscheinlich bereits sagen, dass sich unsere Wege bald trennen würden.

Aus diesem Grund hatte ich ein anderes Gefühl als sonst, wenn es ihr schlecht ging. Innerlich war ich traurig und hatte Angst, dass es was Ernstes war. Bis zu dem Ergebnis versuchte ich allerdings, stark zu sein. Schließlich musste ich das erst mal abwarten. Um Amy kümmerte ich mich wie sonst auch. Wir lebten und hatten weiterhin unseren Spaß. Bis der Anruf vom Tierarzt kam!

Er sagte: »Falko, das wird dir nicht gefallen. Dein Hund hat wieder Krebs, aber ich würde euch gerne noch mal zu einem Spezialisten schicken.«

Nachdem wir aufgelegt hatten, musste ich wieder heulen. Ich schaute Amy an, und sie kam zu mir, um mich zu trösten, aber eigentlich musste ich sie trösten. Ich streichelte sie, schmuste mit ihr, und sie schaute mich die ganze Zeit mit ihrem süßen

Blick an, was mich gleichzeitig noch trauriger machte. Trotzdem musste ich stark bleiben – für sie.

Am 06. Februar 2018 hatten wir den Termin beim Spezialisten. Diagnose Krebs im Endstadium. Sie hatte noch drei bis vier Wochen zu leben. Meine Welt stürzte zusammen. Der Arzt meinte, so einen bösen Krebs sähe er vielleicht zweimal im Jahr.

Als Amy und ich im Auto waren, fing ich laut zu schreien an, um dann wieder loszuheulen. Als Erstes rief ich Janine und Frank an und teilte es ihnen mit. Beide konnten es zuerst nicht glauben und wollten Amy unbedingt noch mal sehen. Nachdem ich mich einigermaßen beruhigt hatte, fuhr ich los, aber weinen musste ich die ganze Fahrt über.

Als Amy und ich zu Hause ankamen, wollte ich ihr was Gutes tun und bestellte jedem von uns ein Steak. Jetzt war alles egal, ich wollte, dass wir wenigstens noch eine schöne Zeit hatten. Ich selbst war innerlich leider total gebrochen. Nur noch ein paar Wochen, und ich sollte das verlieren, was ich in meinem Leben am allermeisten liebte.

Als die Steaks ankamen, aßen wir, und in meinem ganzen Leben hatte ich niemals ein Lebewesen gesehen, das so schnell ein 300 Gramm schweres Hüftsteak verputzen konnte.

Dabei war ich noch lange nicht fertig. Anschließend teilte ich mein Steak mit ihr und musste sie immer wieder dabei anschauen. Immer wieder sah ich, wie süß sie doch war, und dachte, dass ich sie bald nicht mehr haben würde.

Am nächsten Tag traf ich mich mit Franziska und bat sie um eine Beziehungspause, weil ich die Zeit noch mit Amy nutzen wollte. Franziska sagte, dass sie das nicht könne. Leider konnte ich darauf keine Rücksicht nehmen, drehte mich um und fuhr mit Amy wieder nach Hause.

Warum handelte ich so? Erstens, weil ich Amy mehr als alles andere auf diesem Planeten liebte, zweitens war ich es Amy schuldig und drittens:

Sperr einen Hund und eine Frau in deinen Kofferraum ein, wer freut sich mehr, dich zu sehen?

Richtig, der Hund. Diese Treue sollte Amy von mir auch erhalten.

Ich kümmerte mich so sehr um sie, um ihr die restliche Zeit noch zu versüßen. Wir liefen nach wie vor durch die Wohnung. Wir schmusten immer noch viel und kuschelten. Ich wich gar nicht von ihrer Seite. Ich wollte eigentlich alle Auftritte fürs Wochenende absagen. An diesem Wochenende hatte ich allerdings vier. Die Bookingfirma war nicht so begeistert, und wir schlossen einen Kompromiss. Amy konnte mit, ich bekam einen Fahrer namens Daniel, und es sollten an dem Wochenende keine Fotos geschossen werden. Nur die Auftritte und zurück zu meinem Hund, ohne Wenn und Aber, weil ich Zeit mit Amy verbringen wollte.

Versteht mich nicht falsch, liebe Leser, ich mache, wenn ich Zeit hatte, immer Fotos mit meinen Fans, aber in dieser Situation musste ich an Amy denken, da war alles andere erst mal Nebensache.

Am 08. Februar 2018 ging es als Erstes nach Harsewinkel. Dort wurde Karneval gefeiert. In den Kofferraum des PKWs mit Fließheck tat ich eine Decke, und ich kuschelte mich zu Amy hinten rein. Die ganze Fahrt über. Sie merkte, dass irgendwas mit mir nicht stimmte, immer wieder leckte sie kurz an meinem Ohr, um mir Trost zu spenden. Als wir unsere erste Rast machten, ging ich mit ihr spazieren und irgendwelche fremden Leute sagten mir, dass ich doch einen so süßen Hund hätte. Auf der einen Seite war ich sehr traurig und konnte meine Tränen schwer zurückhalten, und auf der anderen war ich sehr stolz, dass Amy zu mir gehörte. Immer wieder streichelte ich sie und sagte ihr, wie sehr ich sie liebe.

Als wir in Harsewinkel ankamen, sprach Daniel mit dem Veranstalter, um ihm die Lage zu erklären. Der hieß Dominik. Er kam zu mir und zeigte vollstes Verständnis. Leider war sein Hund zwei Monate zuvor gestorben. Ich sah an Dominiks Augen, dass er innerlich gebrochen war, und wusste somit, dass es mir nicht anders ergehen würde. Sein Hund hieß Mason. Dominik erzählte, dass Mason zwei Tage vor seinem Tod noch so gerannt war, als wäre nichts gewesen. Er gab anscheinend richtig Gas beim Laufen und Spielen, sodass Dominik damals dachte, dass der Hund noch fit wäre. Leider war er zwei Tage später tot.

Kurz nachdem wir geredet hatten, musste ich auf die Bühne. Ein schlimmes Gefühl. Innerlich war ich todtraurig und dann auch noch auf die Bühne und gute Laune verbreiten? Ich bin doch kein Roboter. Aber ich musste. Ich fühlte mich total unwohl bei dem Auftritt. Normalerweise machte es mir immer Spaß. Dieses Mal nicht. Im Gegenteil, ich konnte meine Gefühle schwer verbergen und musste dagegen ankämpfen, dass ich nicht anfing zu heulen.

Irgendwie überstand ich den Auftritt dann doch einigermaßen und ging danach zu Amy. Daniel erzählte mir, dass sie im Auto mitgehört und wohl die ganze Zeit auf meine Stimme reagiert hätte. Das war meine Amy. Sie war so personenbezogen, sodass sie sogar meinen Auftritt mitverfolgt hatte. Es rührte mich so sehr, und ich knuddelte Amy einfach dafür.

Im Hotel angekommen, schauten wir noch ein wenig Fernsehen und kuschelten. Immer wieder sagte ich ihr, wie sehr ich sie liebte. Wir gingen noch mal spazieren, und andere Hotelgäste kamen uns entgegen und meinten auch, dass ich einen süßen Hund hätte. Schon wieder wurde ich daran erinnert, dass ich dieses süße Lebewesen bald nicht mehr haben würde.

Zurück im Hotelzimmer kamen mir direkt die Tränen. Ich wollte nur noch mit Amy nach Hause. Ich hatte einfach keine Lust auf irgendwelche Menschen.

Am nächsten Tag hatte ich einen Auftritt auf einem Schiff. Ich wollte ihn absagen, denn für mich sah es so aus, als würde es Amy nicht gut gehen. Der Veranstalter bekam das alles mit und war nicht begeistert, er verlangte, dass ich den Auftritt durchzog. Auch wenn alle immer sagten, dass sie für meine Situation Verständnis hätten, glaubte ich das nicht immer. Ich sage euch, lasst euch nix erzählen. Es kann nur jemand Verständnis dafür haben, der so was schon mal erlebt hat. Alles andere ist in meinen Augen nur nutzlose Heuchelei!

Als Amy und ich im nächsten Hotel ankamen, war es ein Traum. Eine riesengroße Wiese, auf der wir so richtig schön toben konnten. Es tat Amy gut, und das stimmte mich seit dem schlimmen Befund zum ersten Mal wieder richtig glücklich - aber nur, weil Amy glücklich war.

Das Wochenende brachten wir, so gut es ging, über die Bühne. Als wir zu Hause ankamen, standen wir zunächst mit unseren Problemen wieder alleine da.

Kapitel 29

Die Facebookgruppe

Mobbing, Ruhm und treue Hunde

Danke Amy!

Alle begrüßten mich freundlich und sprachen mir direkt ihr Mitgefühl aus. Da wusste ich, dass es ehrlich gemeint war.

Ich sah an Amys Körper die Veränderung. Die Beine wurden röter und sahen so aus, als hätte sich Wasser darin gesammelt. Die Krebsstellen am Bauch waren ebenfalls rot. Ich rief den Tierarzt an, und er beruhigte mich. Ich hatte eine Panik- und Trauerattacke.

Ich fragte, woran ich merken würde, wann der richtige Zeitpunkt war. Man sagte mir, dass Amy mir das zeigen würde. Ich verstand es nicht, und es wurde betont, dass ich es wirklich merken würde. Heute wäre es aber noch nicht soweit. Der Tierarzt sagte auch, dass ich ihn jederzeit anrufen könnte – sogar nachts.

Ich versuchte für Amy, so gut es ging, stark zu sein und weiterhin meine ganze Zeit in sie zu investieren. Jetzt fing ich sogar an Kaffee, Energy Drinks und Cola literweise in mich reinzukippen, weil ich die letzten Tage nicht mit Schlaf verschwenden wollte. Es gab Nächte, da schlief ich vier Stunden – manchmal auch gar nicht.

Am 12. Februar 2018 suchte ich Gleichgesinnte und fand sie. Es gibt eine Facebookgruppe: ›Mein Freund die Bordeauxdogge‹. Die ganze Zeit hatte ich das Gefühl, dass mir alle, abgesehen vom Tierarzt, etwas vormachten. Also brauchte ich jemanden, der mich verstand, und mit diesem originalen Text stellte ich mich in dieser Gruppe vor.

Alle begrüßten mich freundlich und sprachen mir direkt ihr Mitgefühl aus. Da wusste ich, dass es ehrlich gemeint war. Ich fühlte mich wohl in der Gruppe. Nicht einen dieser Menschen kannte ich, aber trotzdem fühlte ich mich ihnen sofort verbunden. Völlig fremde Menschen konnten mir ein besseres Gefühl vermitteln als Leute aus meinem wahren Leben. Eigentlich nicht richtig, oder?

Kapitel 30

Amy ist sehr krank

Mobbing,
Ruhm und
treue Hunde
Danke Amy!

In den darauffolgenden Tagen traf ich mich mit Frank und Janine. Es stand ihnen meiner Meinung nach zu, Amy noch mal zu sehen. Amy machte auf Frank noch einen sehr fitten Eindruck, aber mittlerweile kannte ich sie besser als er. Schließlich hatte er sie lange nicht gesehen. Ich hatte mich dazu entschlossen, sie einschläfern zu lassen, weil sie todkrank und ich es ihr schuldig war, sie irgendwann von ihrem Leid zu erlösen. Als ich Frank und Janine fragte, ob sie beim Einschläfern dabei sein wollten, sagte nur Janine zu. Außerdem hatte dies auch der Tierarzt empfohlen. Frank meinte, er könne das nicht. Ich verstand ihn. Ich wusste nicht mal, ob ich es konnte, aber ich musste: Ich war es Amy schuldig.

Die nächsten Tage ließ ich mich gehen, Körperpflege existierte gar nicht mehr und Rasieren war ein Fremdwort.

Ich sah richtig scheiße aus. Ich wollte Amys und meine übrige gemeinsame Zeit nicht dafür verschwenden. Amy und ich lagen die ganzen Tage nebeneinander und schauten Fernsehen und kuschelten viel, und ich fing an mit ihr zu reden.

Solche Dinge wie: »Ich weiß nicht, was ich ohne dich machen soll. Das überlebe ich nicht.«

Sie schaute mich dabei immer wieder an und zwinkerte mir zu. Ihr Blick sagte dabei aus: »Du wirst mir auch fehlen, aber irgendwie musst du das schaffen, Falko. Ich werde auf dich warten.«

Ich drückte sie ständig fest an mich und streichelte sie. Ich bedankte mich immer und immer wieder für alles, was sie mir gegeben hatte. Am Valentinstag 2018 machte ich den nächsten Post in der Gruppe ›Mein Freund die Bordeauxdogge‹. Auf diesem Bild ist zu erkennen, wie verbunden Amy und ich uns waren. Wir lagen die meiste Zeit, so wie auf dem Foto, Arm in Arm zusammen.

Kapitel 31

Das Versprechen

Mobbing, Ruhm und treue Hunde

Danke Amy!

»Amy, ich verspreche dir, ich werde ein Buch schreiben, damit die Welt erfährt, wie toll du warst, und ich werde dafür sorgen, dass es ganz viele Leute lesen.«

Kurz nach dem Valentinstag passierte Folgendes: Amy und ich lagen nebeneinander. Ein Freund, der bei mir für eine Zeit Unterschlupf fand, kam nach Hause. Amy begrüßte ihn und freute sich, ihn zu sehen. Als er dann ins Zimmer ging, lag ich noch auf der Matratze, und Amy hockte sich in Blickrichtung mir gegenüber und grunzte und schaute mir die in die Augen. Sie schaute mich so an, als sei irgendetwas mit ihr. Ich spürte und ich sah es an ihren Augen. Sie hatten sich so verändert, als würde sie sich gerade verabschieden wollen. Mein Ausdruck veränderte sich ebenfalls. Unsere Gesichtszüge wurden synchron. Amy grunzte, als wollte sie mir etwas zeigen. Ich stand auf und folgte ihr.

Sie machte drei bis vier Schritte vor mir, drehte um und zeigte mir, dass sie nicht mehr an mir hochspringen konnte, so wie sie es sonst immer tat. War das jetzt der Augenblick, den der Tierarzt meinte?

Ich rief ihn sofort an, erzählte ihm, was gerade passiert war, und er sagte, er komme am nächsten Tag vorbei, um sich darum zu kümmern. Zu diesem Zeitpunkt ging ich davon aus, dass es Amys und mein letzter Abend werden sollte. Ich war traurig und konnte nicht mehr, aber ich war es Amy schuldig, stark für sie zu sein.

Wir legten uns auf die Matratze. Ich sah Amy an, wie sie im Laufe des Abends immer schwächer wurde. Ich legte ein

Video für uns ein: Scott & Huutsch. In dem Film spielt neben Tom Hanks eine Bordauxdogge die Hauptrolle. Dazu nahm ich mein iPad in die Hand, machte ganz leise klassische Musik an und las Amy eine Geschichte über die Regenbogenbrücke vor. Irgendwann schliefen wir Arm in Arm ein.

Am nächsten Tag kam der Tierarzt.

Amy sprang auf, und er meinte: »Falko, sie ist noch nicht so weit.«

Ich: »Wie kann das sein? Was war das denn gestern, was Amy mir gezeigt hat?«

Er: »Falko, sie ist noch nicht so weit.«

Der Tierarzt fuhr wieder und ließ mir Medikamente für Amy da. Ich war wirklich froh, dass mein Hund noch lebte, aber gleichzeitig musste ich mit ansehen, wie ihr Zustand immer schlechter wurde. Wann war der richtige Zeitpunkt? Schließlich wollte ich meine Amy nicht leiden lassen.

Der Tierarzt litt natürlich auch, weil ich ihm ständig aufgrund meiner Sorgen um Amy auf die Nerven ging. Er nahm sich jedoch immer Zeit für uns. Egal ob zwei Uhr nachts, sechs Uhr morgens oder um zwölf Uhr mittags. Er war für mich immer erreichbar.

Ich danke dem Arzt sehr, dass er in den schweren Zeiten immer da war.

Amy fraß noch immer, aber ich sah Tag für Tag, wie ihr Körper sich veränderte. Ihr Fell glänzte nicht mehr, und sie lief schlechter. Es tat mir in der Seele weh, sie so zu sehen.

Dann kam unser letzter gemeinsamer Ausflug. Es ging nach NRW. Wir lagen wieder gemeinsam im Kofferraum auf dem

Weg zu meinem Auftrittsort und kuschelten. Ich wollte einfach für sie da sein. Als wir im Hotel ankamen, wollte ich Amy füttern. Das war das erste Mal, dass sie ihr Futter verweigerte.

Ich dachte mir nur: »O nein, jetzt ist es bald soweit.«

Ich brachte schnell meinen Auftritt hinter mich, und eilte danach ins Hotel. Der Fahrer Daniel war solange bei Amy geblieben. Als ich in die Hotellobby kam, war es das letzte Mal, dass Amy ihre Ohren spitzte, mich mit ihren großen Augen vor Freude anschaute und auf mich zu gerannt kam – wie Dino bei Fred. Sie verhielt sich, als sei nichts mit ihr. Wir spürten richtige Freundschaft, als wir uns da sahen. Das war sehr schön.

Diesen besonderen Moment werde ich niemals vergessen!

Als wir zu Hause ankamen, machten Amy und ich da weiter, wo wir vor unserer Reise aufgehört hatten. Leider tat sich Amy immer schwerer damit, aufzustehen, sodass unsere Gassirunden sehr kurz wurden. Ihre Beine hatten sich mit Wasser gefüllt und waren gerötet. Der ganze Bauch war rot. Ich salbte ihr den Rumpf ein, damit die Haut sich entspannen konnte. Mein bester Kumpel Tim kam abends vorbei, weil es Amy guttat, wenn er da war. Sie fing an aufzublühen, aber es war alles nur Schein, weil Hunde nur ihrem Herrchen zeigen, wie es ihnen wirklich geht.

Am 07. März 2018 ging ich mit Amy Gassi. Es war wie bei Dominik und Mason, als der Hund zwei Tage vor seinem Tod noch freudig umhersprang.

Bei diesem Gassigang rannte Amy auf einmal los, als würde es um ihr Leben gehen. Sie rannte, wie von der Tarantel gestochen. Voller Lebensfreude, voller Kraft und voller Energie. So fit war sie seit Wochen nicht mehr gewesen. Ich war glücklich, sie so zu sehen. In dem Moment hatte ich die Hoffnung, dass sie noch ein bisschen durchhalten würde. Als wir zu Hause ankamen, zeigte sich jedoch das komplette Gegenteil. Sie war völlig kaputt und konnte nichts mehr machen. Amy bewegte sich kaum noch. Ich rief Janine und Frank an und fragte, ob sie am nächsten Tag Zeit hätten. Sie hatten erst zwei Tage später Zeit. Ich akzeptierte es.

Danach rief ich den Tierarzt an und sagte ihm: »Es ist so weit, hast du morgen Zeit?«

Er sagte: »Nein, ich kann erst in zwei Tagen.«

Ich nahm es so hin und entschied Amy zuliebe, dass wir es dann am 09. März 2018, also in zwei Tagen, machen würden, denn schließlich sollte sie dabei Leute um sich haben, die sie kannte.

Da ich Amy die beste Umgebung ermöglichen wollte, machten wir es bei mir zu Hause. Amy zog sich zurück. Teilweise hatte ich das Gefühl, dass sie gar nicht mehr mein Hund war. In unserer letzten gemeinsamen Nacht lagen wir wieder Arm in Arm. Ich spielte ihr wieder den Film ›Scott und Huutsch‹ vor, machte die Musik an und las ihr eine weitere Geschichte über die Regenbogenbrücke vor. Danach sang ich ein Lied für Amy. Irgendwas Improvisiertes, was mein Herz mir vorgab. Ich war nie ein guter Sänger, aber ich kann euch sagen, dieses Mal traf ich die Töne, weil in dem Moment mein Herz zu Amy sprach.

Wir blieben jedoch nicht lange wach. Ich wollte ein letztes Mal neben meiner Amy schön einschlafen, Arm in Arm, und am nächsten Tag auch so wieder aufwachen.

Als wir wach wurden, war Amy völlig geschwächt. Heute musste sie erlöst werden. Als Janine eintrudelte, war die Stimmung sehr schlecht. Ich zog mich zurück und war in Gedanken nur bei Amy. Mein Hund sah einfach so schlecht aus. Als Frank kam, begrüßte Amy ihn auf einmal. Frank meinte, sie sei doch noch gut drauf. Ich widersprach ihm, denn auch wenn ich Amy von Frank hatte, musste ich die heutige Entscheidung alleine treffen.

Der Tierarzt meldete sich gegen 19 Uhr und meinte, er wäre gleich da. Ich bat Janine und Frank noch mal darum, die Wohnung zu verlassen. Ich ging zu Amy und drückte sie so fest an mich wie noch nie. Ich sagte ihr, dass ich sie sehr liebe und niemals vergessen würde. Daraufhin leckte sie mir mit ihrer letzten Kraft noch mal durchs Gesicht. Wir schauten uns in die Augen, ich nahm ihre Pfote und versprach ihr etwas.

»Amy, ich verspreche dir, ich werde ein Buch schreiben, damit die Welt erfährt, wie toll du warst, und ich werde dafür sorgen, dass es ganz viele Leute lesen.«

Sie zwinkerte mir zu, als hätte sie mir ihre Zustimmung gegeben.

Meine weiteren Worte: »Ich werde jeden Tag an dich denken und dafür sorgen, dass du immer bei mir bist.«

Sie zwinkerte wieder, als hätte sie gerade »Danke!« gesagt.

Ich bat anschließend Janine und Frank wieder rein.

Dann kam der Tierarzt und meinte: »Ich weiß, das ist kein schöner Moment, aber ich denke, wir haben den richtigen Zeitpunkt gewählt.«

Amy lag bei mir auf der Couch. Frank saß an Amys Kopf, als der Arzt sagte: »Falko, komm du mal bitte her.«

Also tauschten Frank und ich die Positionen. Ich nahm Amys Pfote, der Tierarzt setzte die erste Spritze an und kurz darauf die zweite. Amy hob noch mal sanft den Kopf und blickte mir ganz tief in die Augen – wie noch nie zuvor. Ihre Augen rissen nach hinten auf. Sie wollte mir noch etwas sagen. Ich sah die Panik in ihren Augen. Sie hatte keine Panik davor, dass sie starb, sondern sie hatte Panik davor, mich alleine zu lassen.

Amys letzte Nachricht an mich war: »Falko, pass bitte auf dich auf. Ich kann es nicht mehr.« Und dann fiel sie um.

Ich fragte den Tierarzt: »Ist sie …?«

Er nickte.

Ich fing an zu schreien. Ich rannte ins Schlafzimmer, wieder ins Wohnzimmer und schaute Amy an. Das ging ein paar Mal so. Mein Körper gab Geräusche von sich, die mir fremd waren. Es war eine Mischung aus Schreien und Heulen.

Ich schrie auf einmal nur: »Raus, raus, raus!«

Alle verließen die Wohnung. Außer Amy. Sie wollte ich eine Nacht da behalten. Denn falls es was Übernatürliches gab, wollte ich, dass sich die Seele von Amy in meiner Wohnung verbreitete.

Ich rief Franziska an und fragte, ob sie vorbeikommen könne – es war passiert. Sie wusste sofort Bescheid und machte sich auf dem Weg. In der Zeit machte ich einen weiteren Internetpost.

Allen tat es leid. Selbstverständlich! Denn die Mitglieder von ›Mein Freund die Bordeauxdogge‹ sind immer füreinander da. Diese Gruppe ist das Menschlichste, was mir seit Jahren begegnet war. Die meisten kennen sich nicht persönlich, aber trotzdem sind wir Gleichgesinnte.

Diese Gruppe brachte mir etwas Wichtiges fürs Leben bei, was ich in den letzten Jahren vergessen hatte: Mitgefühl!

Ich danke euch von ganzem Herzen!

Kapitel 32

Absturz meines Lebens

Mobbing, Ruhm und treue Hunde

Danke Amy!

In meinen Augen ist Alkohol überflüssig und nichts, was die Menschheit braucht.

Amy lag mittlerweile auf dem Boden, Ohren angespitzt, und sogar ihren Schneidezahn sah man wie sonst auch – jedoch lag sie leblos da. Ich weinte, zündete eine Kerze an und fing an mit ihrem Leichnam zu reden. Ich war komplett traumatisiert.

Sogar bei der Seelsorge rief ich an, aber die Dame am Telefon nahm mich gar nicht ernst. Sie besaß tatsächlich die Frechheit und fragte mich, ob das ein Scherz sein sollte. Ich erzählte ihr von meinem Leid, und die stellte mir dann so eine Frage? Ich hatte gerade das Wichtigste in meinem Leben verloren, und sie nahm mich nicht ernst. Die Frau war völlig teilnahmslos, und es schien, als würde sie meine Geschichte gar nicht interessieren. Dann legte ich auf.

Wie die Begegnung mit Franziska war, weiß ich gar nicht mehr. Sie kam auf jeden Fall meinem Wunsch nach und brachte sehr viel Alkohol für mich mit. Sie tat es, weil ich drohte: »Wenn du es nicht machst, hole ich es mir selbst.« Also hatte sie keine andere Wahl.

Nun kam der Absturz meines Lebens. An diesem Abend trank ich nicht viel. Ich war eher mit meinem Trauma beschäftigt. Ich sah Amy immer wieder an. Nach einer Weile trugen wir sie auf die Terrasse. Immer wieder schaute ich nach ihr. Irgendwann fing sie an, aus der Nase zu bluten. Amys Leiche war total eingefallen. Manchmal streichelte ich sie noch und sagte, wie leid es mir tat. Ich fing sogar an, wirres Zeug zu reden.

Ich war gerade irgendwie in meiner eigenen Welt. Eine Welt voller Leere und ohne Lebensfreude.

Amy wurde am nächsten Morgen vom Tierarzt abgeholt, damit sie zur Einäscherung gebracht werden konnte. Meine Auftritte für das Wochenende sagte ich alle ab. Ich fing nun an zu trinken. Tagelang. Insgesamt waren es sechs Flaschen Schnaps und unzählige Bier. Ich erinnere mich kaum noch an diese Zeit. Ich hasste die ganze Welt, spürte nur Wut. Schließlich hatte ich das verloren, was mir das Wertvollste war.

In diesen Tagen sagte ich immer wieder: »Ich hab sie so geliebt.«

Als Antwort bekam ich ein: »Sie dich auch.«

Ich fragte immer wieder: »Wusste sie das?«

Als Antwort bekam ich ein: »Ja, das wusste sie.«

Dann fing ich wieder an, die Welt zu hassen, und war total traurig. Es ging sogar so weit, dass ich gegenüber Julia, meinem damaligen Schauspielcoach, sehr ausfallend und beleidigend wurde, was unterste Schublade war.

Ich will den Alkohol nicht als Entschuldigung benutzen, Alkohol ist eine ganz schlimme Sache. Es ist Teufelszeug. Unter Alkoholeinfluss hat man sich nicht mehr unter Kontrolle. Man handelt unüberlegt. Das Allerschlimmste ist, dass man an dieses Teufelszeug so leicht herankommt.

In meinen Augen ist Alkohol überflüssig und nichts, was die Menschheit braucht.

In der ersten Nacht, als ich nüchtern war, hatte ich einen Traum, und in diesem Traum hatte ich wiederum einen Traum. Ich war Amy und sah mich durch meine Wohnung torkeln, die mit Glasscherben übersät war. Ich sah mich hinfallen, in diese Scherben stürzen und bluten, dann erwachte ich aus meinen Traum der zweiten Ebene. In Wirklichkeit schlief ich noch und befand mich in einem Raum mit allen Seelen oder Geister von den Menschen, die mir nahe standen, und sie lachten mich aus.

Anschließend wurde ich tatsächlich wach. Was hatte das zu bedeuten? Ich nahm es als Warnschuss wahr. Wenn ich so weitermachte, würde ich im Himmel eine Lachnummer werden und ein Außenseiter wie in meiner Schulzeit. Das wollte ich nicht, und somit kehrte ich dem Schnaps den Rücken. Ich hab seit dem Traum nie wieder Schnaps zum Betrinken oder zum Feiern konsumiert.

Kapitel 33

Das liebe Geld

Mobbing, Ruhm und treue Hunde

Danke Amy!

Die nächsten Auftritte standen an. Ich wollte diese eigentlich auch absagen, aber ich durfte nicht. Eine Woche hatte man mir gegeben, um runterzukommen, aber dann musste ich wieder funktionieren. Wisst ihr, was ich echt traurig finde? Wir leben in einer Gesellschaft, die von einer Sache gelenkt wird: Geld! Alle denken nur daran. In meinen Augen heißt es nicht ›Geld regiert die Welt‹, sondern ›Geld regiert den Menschen‹. Was sollte das bitte? Ich hatte mein Liebstes vor ein paar Tagen verloren, und auf einmal sollte ich wie eine Maschine funktionieren. In was für einer Welt leben wir?

Wenn zum Beispiel die Mutter oder der Vater stirbt, steht uns laut Gesetz ein Tag Sonderurlaub zu! Ist das richtig? Ich sage: Nein! Es sollte länger möglich sein.

Wir haben heutzutage nicht mal mehr das Recht, menschlich zu sein, gerade weil die meisten nur an sich denken und an das Geld. Heutzutage ist man einfach nur eine Nummer, die auf Knopfdruck funktionieren muss. Ich finde, wenn man Schicksalsschläge erlebt hat, dann sind das Ausnahmesituationen, und man muss Emotionen zulassen dürfen – und keiner hat das Recht, uns das zu verweigern.

Jeder kennt den Satz aus dem Grundgesetz: Die Würde des Menschen ist unantastbar. Wenn man nicht mal menschlich sein darf, keine Gefühle zulassen darf, wo ist da bitte die Würde?

Ihr erinnert euch sicherlich noch an Carmen, die bei mir klingelte, aufgrund des finanziellen Schadens, der mir entstanden war. Ich denke, jetzt versteht ihr, warum ich behauptete habe, dass weniger als die Hälfte der Menschen so gehandelt hätten wie sie. Mit dieser Schätzung hab ich mich sicherlich noch großzügig geäußert. Wahrscheinlich liegt die wirkliche Zahl weit darunter.

Was mich am traurigsten macht: Ich selbst war lange Zeit vom Geld besessen. Auch ich spürte die Gier danach und nach Erfolg und Macht. Seit Amys Tod bin ich wie neu geboren, denn der Schmerz lehrt uns wieder, wer wir wirklich sind.

Als ich noch im Fernsehen regelmäßig präsent war, wollte ich immer gute Presse.

Wenn ich einen Obdachlosen sah, hab ich ihm gerne etwas gegeben, aber immer mit dem Hintergedanken, dass es hoffentlich einer von der Presse mitbekommt. Heute spende ich anonym, denn diesen Hintergedanken hab ich nicht mehr.

Ich weiß, es war damals total dämlich, aber ich will mich hier nicht als den Lieben und Netten darstellen. Leider gehörte ich zu den Menschen, die sich in der heutigen Gesellschaft verloren hatten.

Jeder kennt den Spruch: Geld alleine macht nicht glücklich.

Ich selbst hatte die Einstellung: Geld alleine macht glücklich!

Mit dieser Einstellung war ich total arm dran. Ich hatte die Werte vergessen, auf die es wirklich ankam. Geld stand für mich an erster Stelle. Wenn Amy nicht gewesen wäre, würde ich wahrscheinlich immer noch so denken. Sieben Jahre habe ich gebraucht, um das zu erkennen, um zu erkennen, dass meine Einstellung falsch war. Ich erkannte es auch nur, weil Amy starb. Heute würde ich meinen ganzen Besitz für das Leben von Amy eintauschen! Ich hätte sogar Lebensjahre von mir geopfert, um sie länger bei mir haben zu können.

Verinnerlicht bitte den Satz: Der Schmerz lehrt uns, wer wir wirklich sind. Es ist eine Weisheit fürs Leben!

Weiter zu meiner Geschichte: Ich machte die Auftritte und war in dieser Zeit sehr in mich gekehrt. Ich dachte viel nach, weinte viel und war voller Traurigkeit. Ich funktionierte nur noch wie ein Roboter. Alles um mich herum war mir egal. Ich sah kein Licht am Ende des Tunnels. Ich hatte mein Lachen verloren.

Ich konnte nicht mal mehr zu Hause sein. Die Lücke, die Amy hinterlassen, war einfach zu groß. Ich war die ganze Zeit bei Franziska. Also körperlich war ich zwar da, aber geistig war ich nur für mich. Ich machte mir sogar im Nachhinein Vorwürfe, weil ich Amy von mir gestoßen hatte, nachdem sie mir in den Computer pinkelte.

Ich möchte euch noch etwas ganz Wichtiges mitgeben: Wenn ihr Streit mit euren Liebsten habt, seid nicht stur und sitzt es aus. Es gibt Personen oder auch Familien, die seit Jahren nicht mehr miteinander sprechen wegen einer Kleinigkeit. Vielleicht ist es Machtverhalten oder einfach Sturheit. Klärt bitte die Sachen, wenn es euch möglich ist.

Ich mache mir bis heute Vorwürfe, weil ich mal mit Amy schimpfte. Es verfolgt mich jeden Tag. Jetzt stellt euch mal vor, ein Verwandter stirbt, und ihr konntet diesen Streit nicht beilegen.

Was denkt ihr, was es mit euch macht? Der ein oder andere könnte daran zerbrechen.

Kapitel 34

Meine Trauer

Mobbing, Ruhm und treue Hunde

Danke Amy!

Ich weinte einfach nur und sagte zur Urne solche Sätze wie: »Amy, du fehlst mir! Es tut mir so leid.«

Am 21. März 2018 erhielt ich einen Anruf vom Krematorium. Ich konnte Amy am nächsten Tag abholen. Während der Autofahrt kamen mir wieder die Tränen, es war andererseits jedoch irgendwie schön, sie wieder bei mir zu haben. Ich hatte eine schöne Urne für Amy ausgesucht, bei der man sogar ein Teelicht einlegen kann.

Im Katalog des Krematoriums wurde sogar ein Stein angeboten, in den ein Teil der Asche gefüllt wurde. Diesen Stein nahm ich und konnte Amy so immer bei mir tragen.

In meinem Alltag überwog die Trauer so sehr. Sollte dieser Schmerz irgendwann aufhören? Ich denke, nein. Man kann nur lernen, damit umzugehen!

Als ich den Stein erhielt, kam nach kurzer Wartezeit eine Mitarbeiterin des Krematoriums. Sie fragte: »Möchten Sie zu Amy?«

Als sie diese Worte aussprach, kämpfte ich damit, nicht zu heulen. Ich betrat den Raum, im Hintergrund lief klassische Musik, wie ich sie für Amy damals angemacht hatte. Die Urne stand auf einer Tischdecke umgeben von Kerzen, und dann platzte es aus mir heraus. Ich konnte meine Tränen nicht mehr zurückhalten.

Ich weinte einfach nur und sagte zur Urne solche Sätze wie: »Amy, du fehlst mir! Es tut mir so leid.«

Ich ließ alles raus. Als die Dame wiederkam, umarmte ich sie spontan. Sie ließ es zu, obwohl wir uns nicht kannten. In dem Moment brauchte ich einfach Halt. Ich erzählte ihr davon, wie Amy mir gezeigt hatte, dass sie nicht mehr fähig war, an mir hochzuspringen.

Ich wollte mich vergewissern und fragte sie: »War das der Moment? Habe ich die richtige Entscheidung getroffen?«

Sie sagte nur: »Ja«, und ich weinte noch mehr.

Ich hatte Amy nicht leiden lassen, das war ich ihr schuldig gewesen. Aber ich frage mich bis heute, ob das tatsächlich der wahre Moment für ihr nahendes Ende gewesen war.

Ich verabschiedete mich von der Dame und bedankte mich.

Als ich zu Hause war, postete ich wieder etwas in die Gruppe bei Facebook, was mir sehr wichtig war.

Auch Amys Grab möchte ich meinen Lesern nicht vorenthalten:

Kapitel 35

Schatten an der Wand

Mobbing, Ruhm und treue Hunde

Danke Amy!

Emma machte den Lichtschalter aus, und der Schatten war wieder an der Wand.

Als ich zurück nach Hause kam, stellte ich die Urne auf das Regal, wo ich Amys Andenken errichten wollte. Natürlich kamen mir dabei die Tränen. Ich war total aufgewühlt. Aushalten konnte ich es zu Hause alleine immer noch nicht. Eigentlich war ich fast gar nicht zu Hause, wenn ich jedoch da war, zündete ich auf Amys Urne eine Kerze an, und wenn ich die Wohnung verließ, gab ich der Urne einen Abschiedskuss. Den Stein mit Amys Asche trug ich immer bei mir. Meine Trauer schien nicht mehr aufzuhören.

Anfang April bekamen ich und Franziska die Nachricht, dass die Besitzer von Emma sich trennten und eine neue Betreuung für den Hund suchten. Emma sollte leider wieder ihr Zuhause verlieren. Ohne lange zu fackeln, holte ich sie zu mir zurück. Als ich zu Emmas Herrchen und Frauchen kam, waren diese selbstverständlich sehr traurig. Nachdem ich Emma jedoch sah, fing ich sofort an, sie mit Amy zu vergleichen. Ich ließ Emma in meinen Kofferraum. Als ich nach ein paar Minuten wieder zum Auto kam, war Emma auf den Beifahrersitz gesprungen. Ich schimpfte direkt mit ihr und musste dabei sofort wieder an Amy denken. Gleichzeitig stellte ich mir die Frage, ob ich Emma gerecht werden könnte.

Als Emma zum zweiten Mal in mein Leben trat, sah ich dies als zweite Chance an, und von da an versuchte ich wieder, mich auf mein Zuhause einzulassen, was jedoch nur einigermaßen gelang.

Jedes Mal, wenn ich Emma alleine ließ, war im Wohnzimmer eine riesige Pinkelpfütze, weshalb ich immer und immer wieder mit ihr schimpfte.

Gleichzeitig dachte ich mir: ›Amy hätte das so nicht gemacht.‹

Mein Herz konnte sich für Emma nicht öffnen, obwohl sie ein total lieber Hund war. Ich verglich Emma ständig mit meiner geliebten Amy. Ich kümmerte mich dabei voll und ganz um sie. Ich gab ihr Futter, ich ging mit ihr Gassi, spielte mir ihr und kuschelte auch jeden Abend mit ihr. Wenn ich mit Emma kuscheln wollte und dabei die Kerze auf Amys Urne brannte, grunzte Emma und verließ den Platz an meiner Seite. Diese Szene spielte sich jedes Mal ab. Es war ein Rätsel für mich, aber ich nahm es hin.

Am 18. Mai. 2018 geschah etwas. Abends kuschelte ich mit Emma, machte die Kerze mal wieder an, und Emma grunzte. Aber dieses Mal ging sie nicht weg, sondern sie ging zum Lichtschalter, ich schaltete daraufhin das Licht aus. Ihr werdet mich jetzt wahrscheinlich für verrückt erklären, aber ich weiß, was ich gesehen habe.

Auf einmal sah ich einen Schatten an der Wand, die Kerze warf tatsächlich einen Schatten aus der Seitenperspektive von einem Hund, aber es war nicht irgendein Hundekopfschatten, sondern der von Amy.

Ich konnte das nicht glauben. Ich fiel auf die Knie und fing an zu weinen und mit dem Schatten zu reden. Ich sagte, wie sehr sie mir fehlt und dass ich nicht weiß, wie es hier unten ohne sie weitergehen sollte. Der Schatten zeigte keine Regung. Irgendwann schlief ich voller Erschöpfung vor Traurigkeit auf meinem Parkettboden ein.

Als ich am nächsten Morgen aufwachte, lag Emma neben mir, und die Kerze war mittlerweile ausgegangen. Hatte ich das Erlebnis geträumt, war ich jetzt verrückt geworden, einfach völlig durchgedreht?

Den ganzen Tag über machte ich mir Gedanken darum und kam letztendlich zu dem Schluss, dass es ein Traum gewesen sein musste oder einfach nur Zufall. Emma ließ ich für ein paar Stunden alleine, und als ich nach Hause kam, war wieder mal das Wohnzimmer vollgepisst. Ich schimpfte natürlich mit ihr.

Abends lagen Emma und ich auf der Couch. Ich machte die Kerze an. Emma grunzte und ging wieder zum Lichtschalter. Ich dachte mir, was kommt denn jetzt? Richtig.

Ich machte den Lichtschalter aus, und der Schatten war wieder an der Wand.

Ich hab noch nie an etwas Übernatürliches geglaubt, aber als ich das sah, verspürte ich in mir die Hoffnung, dass ich Amy auf irgendeiner Art und Weise wiedersehen werde. Der Schatten musste sich ein zweites Mal zeigen, damit ich die Bestätigung bekam. Erst jetzt glaubte ich, dass es echt war, was ich da sah. Ich war nicht komplett durchgedreht.

Die nächsten Tage zündete ich die Kerze immer wieder an, aber der Schatten kehrte nicht mehr zurück, trotzdem spürte ich nach wie vor die Hoffnung in mir.

Vier Tage später ging ich zum Chiropraktiker. Es war das allererste Mal, dass ich den Stein mit Amys Asche bewusst nicht mitnahm. Ich wollte loslassen – es wenigstens versuchen. Als ich nach Hause kam, fand ich wieder eine zugepisste Wohnung vor. Ich war sauer auf Emma und schimpfte. Emma war immer total lieb zu mir, aber dass sie jedes Mal ins Wohnzimmer pisste, wenn ich fort war, ging mir gewaltig gegen den Strich.

Mittlerweile war ich so sauer auf Emma, dass ich mich einfach vor den Rechner hockte. Ich beachtete sie gar nicht.

Mir wurde dann bewusst, dass es das erste Mal war, dass ich den Stein mit Amys Asche nicht bei mir hatte. Gerade heute – und abends ging der Computer kaputt, in den Amy damals gepinkelt hatte.

War das so was wie ein Zeichen?

Epilog

Mobbing, Ruhm und treue Hunde

Danke Amy!

Einen Tag später, am 23. Mai 2018, ging ich in einen Computerfachhandel, damit sich einer das Gerät mal anschaute. Die Garantie war schon damals abgelaufen, als Amy reingepinkelt hatte, denn wir mussten den Computer öffnen, was man nicht darf. Ich ärgerte mich, schließlich war er noch nicht so alt und sehr teuer gewesen.

Als ich den Laden verließ, fing ich an zu schmunzeln. Ich dachte dabei an Amy, und ich spürte auf einmal wieder ein wenig Freude in mir. Je näher ich meinem Wohnort kam, desto größer wurde mein Grinsen. Auf einmal war wieder positive Energie in mir. Als ich das Wohnzimmer betrat, hatte Emma reingepinkelt. Das war der Moment, als sich mein Herz für sie öffnete. Amy hatte ganze Arbeit geleistet.

Dieses Mal schimpfte ich nicht mit Emma. Ich fing an, laut loszulachen. Ich wusste nicht warum, aber ich musste einfach lachen – ungefähr so dreckig wie Rumpelstilzchen. Wahrscheinlich hatte mich die ganze Nachbarschaft gehört, denn ich lachte und lachte, immer lauter und kugelte mich auf dem Boden. So ein Lachen hatte ich noch nie von mir gegeben.

Ich wischte den Urin weg und lachte immer weiter. Amy war tot, aber trotzdem schaffte sie es, dass ich Emma in mein Herz schloss. Etwas viel Wichtigeres zauberte mir Amy zusätzlich ins Gesicht. Etwas, was wir Menschen niemals vergessen und verlieren dürfen. Es ist mit das Wichtigste, das es auf der Erde gibt. Denn ohne dies hat das Leben keinen Wert. Amy schenkte mir mein Lachen wieder, und dazu fallen mir nur zwei Worte ein:

Danke, Amy!